문학, 치유로 살아나다

문학, 치유로 살아나다

초판 1쇄 인쇄 · 2017년 3월 25일
초판 1쇄 발행 · 2017년 3월 30일

지은이 · 선선미
펴낸이 · 한봉숙
펴낸곳 · 푸른사상사

주간 · 맹문재 | 편집 · 지순이, 홍은표 | 교정 · 김수란
등록 · 1999년 7월 8일 제2-2876호
주소 · 경기도 파주시 회동길 337-16 푸른사상사
대표전화 · 031) 955-9111(2) | 팩시밀리 · 031) 955-9114
이메일 · prun21c@hanmail.net / prunsasang@naver.com
홈페이지 · http://www.prun21c.com

ⓒ 선선미, 2017

ISBN 979-11-308-1087-4   03180
값 19,000원

이 도서의 국립중앙도서관 출판예정도서목록(CIP)은 서지정보유통지원시스템 홈페이지
(http://seoji.nl.go.kr)와 국가자료공동목록시스템(http://www.nl.go.kr/kolisnet)에서 이용하실
수 있습니다.(CIP제어번호 : CIP2017007161)

간지 그림 : 최영란

교·양·총·서 11

문학, 치유로 살아나다

선선미

문학치유의 이론과 실제

푸른사상
PRUNSASANG

　나는 누구보다도 불안한 사람이었다. 그래도 15년간 책을 매개체로 사람을 만나면서 나의 불안을 조금 다룰 줄 아는 사람이 되었다. 하지만 여전히 불안하다.

　동병상련이라고 했던가. 마음에 상처 입은 사람의 치유를 돕기 위해서는 그러한 아픔을 겪어본 사람이 더 적합하리라는 생각이 든다. 15년간 이야기책을 사이에 두고 사람을 만나면서 나는 사람과 책 사이에서 인간의 아픔을 보았다.

　사람들을 만나면서 이 시대 인간의 정신질병은 이야기가 사라진 빈자리에서 생겨났다는 생각이 절실하게 들었다. 이야기가 사라졌다는 것은 환상이 사라졌다는 것이다. 환상이 사라지고 현실만 남은 세상에 적응하지 못한 사람에게는 상처만 남는다. 이 상처를 누르고 가리기의 한계에서 바로 정신질환을 만난다. 요즘 난무하는 우울, 불안, 공포증 등이 그것이다. 현실만 남은 '현실'에서 비롯된 정신질환은 개인의 분열된 인성은 물론이고 대인 불안, 우울증, 가족 관계 해체, 친구 관계의 괴리로 이어진다.

　문학치유는 인간이 이야기를 만들어내는 순간부터 행해져온 치유 요법이었다. 이때에 치유의 도구는 말로 하면 이야기고, 글로

하면 소설, 시이다. 요즘 마치 문학치유가 신종 이론이라도 되는 것처럼 이론화하는 것도 좀 뒷북치는 현상이라는 생각이 든다. 원래 있었던 치유 방식이었으니까.

그럼에도 불구하고, 문학(이야기)이 어떻게든 치유의 제 구실을 해야 한다는 것을 말해야 할 필요는 있다. 그것은 꼭 책이 아니더라도 이야기, 제스처, 느낌을 통해서라도 우리의 삶에 필요하다는 것을.

문학치유를 필요로 하는 곳이 많아졌다. 이 시대적 요구에 따라 부산시 연제구청 소속 5개 작은도서관의 '성인 독서치료'를 시작으로 도서관, 서울시의 어린이집 교사연수, 평생교육 일환으로서의 학부모 교육, 작은도서관의 어린이 청소년 독서치료 교실 등에서 어린이들과 어른들을 두루 만났다. 그들은 각 개인에게 해당하는 이야기를 간절히 원했다. 그들에게 자신의 사연 또는 상처를 만날 수 있도록 이야기를 제공하는 것은 매우 중요한 일이었다. 특히 현실에서 해결하기 어려운 문제를 무의식과 환상을 통해서라도 만날 수 있도록 그와 관련된 이야기와 시를 끌어다 주는 일은 쉽고도 복잡한 일이었다. 쉽지만 복잡한 이 일이 사람의 마음과 심리를 변화시킨다는 확신은 나를 움직이게 했다.

최근 5년 동안 10여 년간의 경험으로 터득한 문학치유에 대한 강의나 상담 요청이 많았다. 문학치유는 겉으로 이야기를 나누고 속으로는 상대의 아픔을 공감하는 것에서 비롯된다. 이러한 문학치유의 속성을 이해하고 현장에서 적용하기에는 이론만으로는 역부족이기 때문에 나의 역할이 필요했던 것이라는 생각이 든다.

　문학치유 관련 상담(강의)을 하고 돌아설 때마다 때로 몸과 마음이 아팠다. 내가 불안한 사람이었기에 불안한 심령을 가진 내담자들과 소통이 용이했다. 집단상담(강의)을 마치고 집에 오면 꼬박 열 시간을 식은땀을 흘리며 누워 있기도 했다. 하지만 이렇게 않으면서, 이 문학치유라는 일을 계속 할 수 있을까에 대해서 고민했다. 그 고민의 결과가 이 책이다.

　이 책을 마무리하면서 나를 찾아와서 책을 읽고, 이야기하고 삶의 불편함을 나에게 고백한 모든 불안한 사람들에게 고마운 마음을 전한다. 누구보다도 불안하고 우울했던 내가 다양한 이야기를 통해서 '내 안에서 웅크리고 울고 있는 또 한 명의 나'를 만났기 때문이다. 내가 삶의 현장에서 느낀 마음을 공감해주며 이 책을 만들어주신 푸른사상사에 감사의 마음을 전한다. 편집하시면서 보내주신 따뜻한 메시지를 받을 때마다 쌀쌀한 찬바람을 잠시잠시 잊을 수 있었다. 또한 보조가방에 이 글을 담아 다니면서 읽어준 대희, 산희 자매에게도 고마움을 전한다.

2017년 봄

선선미

제3부   상황에 따른 문학치유

제1부

문학치유의 이론적 배경

The theory and practice of literature therapy

1. 사람을 살리는 이야기

독서는 인류가 만들어낸 가장 탁월한 명상법이다. 독서하는 동안 시선이 책으로 향해 있을 때, 마음이 오롯이 자신을 향할 수 있기 때문이다. 하지만 요즘 주된 책 읽기는 세상을 향한 책 읽기, 성공적인 삶을 살기 위한 기술을 배우는 책 읽기에만 치우쳐 있다. 이러한 오늘날의 책 읽기 추세는 역효과의 문제점으로 볼 수 있다.

좋은 책을 읽는다는 것은 그 책을 통해서 '나'를 만나고 세상을 보는 창을 내는 것과 같다. 그 창문을 통해서 예감이 가능한 세상을 느낄 때, 치유 독서의 기능이 시작된다. 예감은 예측과 비슷한 말처럼 느껴지지만 차이가 있다. 예측은 현실에서 보이지 않는 미래를 과학적으로 예상한다는 개념이다. 이에 비해서 예감은 육감이나 직감으로 느끼는 것으로 개인적인 면이 강하다. 좋은 책을 읽는 것은 책 속의 이야기를 통해 예감을 기르는 과정이다.

책을 통해서 예감 능력을 길러가는 것이 치유적 책 읽기라고 볼 수 있다. 사람은 다가오는 시간들을 예감할 수 있을 때 안정적인 삶을 살아갈 수 있다. 이때의 예감은 지식을 통한 두뇌의 영역이 아니라 다양한 삶의 방식과 갈등을 직·간접 체험한 감정의 영역이다. 조셉 골드는『비블리오테라피』에서 "책 읽기는 어떻게든 읽기만 읽으면 정신 건강에 도움을 받을 수 있다"라고 단순화하여 말하며, 문학작품 읽기를 강조하였다. 문학작품은 인간의 감정을 연습할 수 있는 가장 적합한 장르이므로 작품 속의 상황 속에 존재하는 갈등 양상을 다양하게 체험할 것을 권했다. 이러한 독서 능력을 통해서 발동되는 '당신의 느낌을 믿으라'는 저자의 말은『독서가 마음의 병을 치유한다』(김정근 외, 2010)의 체험형 독서에서도 실감할 수 있다.

책 속의 인물들을 통해서 우선 나를 알아갈 수 있고, 더 나아가 사람과 소통할 수 있는 경로를 예감할 수 있다. 이 예감은 타인에 대한 공감 능력으로 향상되고, 곧 자신을 객관화하여 이해하는 방식으로 이어진다. 자신과 타인의 삶을 예감할 수 있는 것은 이야기의 특성으로 잘 설명된다.

태초에 책 읽기는 입에서 입으로 전해지는 '이야기'였다. 그 후로도 오랫동안 이야기는 상황에 따라서 스토리텔링되어 전해지면서 삶을 지탱했다. 그 자연스러운 청자와 화자의 이야기 나눔이 면면이 이어져오는 동안 우리의 삶은 파격적이지는 않았지만 그럭저럭 살 만했다. 하지만 오늘날은 어떠한가?

여기저기서 자살 소식이 들려오고 우울증에 대한 우려의 목소리가 난무한다. 이야기가 사라진 세상 풍경이다. 이야기가 사라지는 비극에 대해서는 민담 '보자기 속의 이야기'에서 예언되었다. 어떤 총각이 자신이 전해 들은 이야기를 아무에게도 전하지 않고 그 이야기를 보자기 속에 묶어서 자신의 방에 가두어두었다. 이렇게 갇힌 이야기들은 보자기 속에서 총각을 죽일 모의를 하게 된다. 마침 총각이 장가가는 날을 기회로 삼아서 다양한 방법으로 그를 공격하여 죽이기로 한다. 다행히도 이야기들의 모의를 엿들은 머슴의 방어로 총각은 구제받지만 이 민담은 들은 이야기를 구전시켜야 한다는 의미를 담고 있다. 우리의 선조들은 이 '보자기 속의 이야기'를 구전하면서 이야기의 중요성을 강조했던 것이다. 자신이 먼저 들은 이야기를 누군가에게 전하지 않으면 큰 재앙이 따른다고 말이다.

인간이 환상을 체험하기에 이야기만 한 장르가 없다. 삶은 기쁨과 슬픔이 혼재하고 행복과 불행이 엉켜 있는데 이를 피해서 살 사람은 없다. 이 양면의 삶에서 자유로워지는 것은 환상을 통해서 가능해진다.

환상과 무의식의 세계가 가미된 이야기를 듣는 것은 재미가 있다. 또한 들은 이야기를 누군가에게 전해주는 재미도 만만치 않다. 이 재미는 우리의 옛날이야기를 지금까지 전해지게 했을 것이다. 누군가에게 이야기를 들려주기 위한 말하기 방식은 인간 사이의 소통을 원만하게 했을 것이다.

이야기 나눔은 곧 치유였다. 이런 이유에서 살아가기 위한 책 읽기와 성공하기 위한 책 읽기는 구별될 필요가 있다고 본다. 책이 우박처럼 쏟아지는 오늘날 과거에 비해 훨씬 많은 양의 책을 읽고 있으나 소통은 막히고, 자살, 폭력, 따돌림 등의 문제가 늘어만 가는 것은 왜일까?

그것은 오늘날의 우리가 치유적인 책 읽기에서 벗어나 있기 때문이다. 문학, 즉 이야기를 통해서 접할 수 있는 환상과 무의식이 배제된 현실만 남았기 때문이다. 그래서 현실에서 어려움을 만나면 정신의 안식처가 없는 현대인이 택할 곳은 이 세상 밖인 것이다.

이러한 문제는 정신의 공동체가 무너진 것에서 비롯된 것이다. 정신의 공동체란 집단의 이야기가 존재하는 곳이다. 과거 마을 공동체의 책 읽기 공간이었던 서당의 풍경은 정서 함양의 이상적인 모습이었다. 과거 우리 조상들은 단 몇 권의 책을 읽고 외우면서도 얼마나 철학적 사유가 깊었는가. 서당에서는 훈장을 중심으로 둘러앉아서 천자문 한 권을 읽고 쓰고 외우면서 공동체를 배울 수 있었다. 한 권의 책을 독파할 때마다 동네라는 공동체가 떠들썩하게 떡을 나누던 풍경은 '책'이 소통과 나눔의 역할을 하였음을 가늠하게 한다. 좀 빨리 터득한 사람도, 빨리 터득하지 못해서 종아리를 맞던 사람도 책거리에 참여하는 것은 똑같다. 이처럼 과거의 책 읽기에는 삶이 전제되어 있었던 것이다.

이제 이야기, 즉 문학을 회복할 때이다. 인간 각자에게 주어진 삶을 살아내기 위해선 지식도 필요하지만, 삶을 지탱할 환상도 필요하다. 어려움에 처해 현실에서는 도저히 어떻게 해볼 가능성이 없을 때, 어떤 이는 좌절하거나 현실 도피를 택하지만 어떤 이는 묵묵하게 견딘다. 묵묵하게 견딜 수 있는 사람의 마음속에는 환상성 이야기가 내재화되어 있다. 의식 속에 환상성 이야기가 현실과 적절한 조화를 이룬 사람은 어떤 어려움 속에서도 '강남에서 돌아온 제비의 박씨'를 기억한다. 그 박 속에는 현실에서 결핍된 문제를 해결할 열쇠가 숨겨져 있다는 것을 늘 상기함으로써 오히려 긍정적이고도 절실한 삶의 자세로 살아가게 된다.

테베의 도서관에는 '영혼을 치유하는 장소'라는 문구가 적혀 있었다고 한다. 이 문구는 책의 역할과 책이 있는 장소의 역할을 동시에 말하고 있다. 도서관이 영혼을 치유하는 장소였던 것은 책이 귀했던 시대에 유일하게 책이 있던 곳이었기 때문일 것이다. 책은 내면 치유의 수단이었다는 것을 알 수 있다.

우리 민족에게는 '할머니의 이야기'가 대대로 전승되면서 가족 치유의 역사가 있었다. 할머니의 이야기는 이야기의 치유 기능과 정신 공동체의 역할을 동시에 수행했다. 할머니의 이야기는 특히 손자에게 들려주는 형식으로 전해져서 가장 적합한 치유의 기능을 발휘했다. 할머니의 입으로부터 전해 듣는 이야기는 듣는 이에게 가장 적합하게 스토리텔링되어 구연되는 특징이 있기 때문이다. 즉 듣는 이, 손자의 입장을 고려한 할머니의 이야기는 삶의 서사와 환상을 전하면서 그 어떤 삶도 자연스럽게 받아들일 수 있는 원동력이 되었던 것이다.

하지만 우리 사회는 급속한 산업화의 여파 속에서 할머니 이야기가 탈락되는 시대에 돌입했다. 그 결과 우리 사회는 급속도로 불안해졌다. 이 탈락된 부분을 대신할 다양한 대책들이 나오고 있지만 빛 좋은 개살구에 불과하다. 왜냐하면 인간의 마음은 이야기와 그 이야기가 오가는 소박한 공간을 원하는데 여기저기서 내놓은 대책은 너무도 장황하고 거창하기 때문이다. 치유의 삶을 살아갈 수 있는 해법은 누구나 듣고 전할 수 있는 이야기 시대로 되돌아가는 것이다.

특히 이러한 의미에서의 아동 청소년의 치유를 위한 할머니 이야기를 대체할 '이야기 읽기'가 시급하다. 건강한 아동과 청소년이라고 해도 현대의 환경에서 자신을 지키기는 어려워졌다. 아동과 청소년들이 자신과 타인을 이해하고 통찰하는 힘을 키우는 예방 차원에서의 독서치료가 필요하다.

우리나라의 평균 최종 학력은 전문대졸이라는 통계가 있다. 우리 나라 사람들, 많이 배웠다. 그만큼 책도 많이 읽었으리라는 짐작도 가능하다. 그런데 우리나라 사람들의 삶은 행복해졌는가. 학력이 높은 만큼 당연히 책을 많이 접해왔을 것이다. 아마 세상 어디에도 이렇게 평균 학력이 높은 나라는 드물 것이다. 하지만 이 학력 높은 나라에서 자살률도 덩달아 높은 것은 어떤 이유에서일까? 이제 우리나라 국민들의 삶은 궁지에까지 몰렸다. 자연스럽게 살아가는 방법을 잊어버리고 자꾸만 '살아야 하는 이유'를 묻는 사회가 되었다. 삶이라는 자연스러움을 대단한 일로 만든 것은 대단한 책 읽기에서 비롯되었다고 해도 과언은 아닐 것이다.

아주 오래된 과거부터 "책이 있는 곳은 치유도 함께"라는 진리는 변함없이 이어져왔다. 하지만 '세상을 이겨먹기'와 '세상에서 최고 되기'를 가르치는 종류의 책들이 서점의 요지를 점령하고 있다. 그 책들은 독자의 영혼을 구원하지 못했다. 마음의 허기를 메우지 못하는 책 읽기는 우리의 마음과 느낌에서 멀어진 책 읽기이다. 아픈 마음을 치유하는 책(문학)과 건강한 사람을 위로하고 격려하는 책(처세학)은 반드시 구별되어야 한다.

2. 위험한 처세학

최근 남녀노소를 불문하고 증가하는 자살률이 우리 사회의 불안 증상이 얼마나 심각한지 말해주고 있다. 특히 청소년의 잇단 자살은 시급한 문제다. 자살 충동은 복잡한 사회구조와 치열한 경쟁이 불러온 결과이다. 복잡한 사회 속에서 살아남아야 한다는 억압을 현실 속에서 해결하고자 하는 개인은 칼날 같은 한계에 부딪치고 있다.

경쟁하는 것은 그 경쟁에서 이기는 자에게나 지는 자에게나 상처를 준다. 상처받은 사람이 남에게 상처를 줄 확률도 높다. 성경에 "나의 상처로 말미암아 내가 사람을 죽였고"라는 가인 자손의 고백은 상처의 대물림적인 특성을 잘 보여준다.

고단한 시대를 견디며 경제를 일으킨 세대, 그 세대의 힘겨운 삶은 인내와 도전으로 상처투성이가 되었다. 그들은 그 억압에 따른 분노로 다음 세대를 키웠다. 그 결과 우리 사회는 겉으로는 세계 역사상 유례가 드문 급성장을 이룩했다. 하지만 내면의 삶은 급속도로 우울해졌다.

이러한 사회 분위기의 저변에서 이야기인 특징인 소통과 환상이 일상에서 과하게 축소된 것을 볼 수 있다. 나는 그 소통과 환상의 축소를 이야기의 사라짐이라고 본다. 또한 지나친 처세학, 자기계발서 읽기라고 본다.

사회 회복의 기제는 다양하지만, 이야기(문학)를 통한 치유책을 강구해보는 것은 매우 의미 있는 일이다. 이야기는 무의식의 산물이고, 거기에는 환상이 존재하기 때문이다. 무의식층에 잠재된 억압은 겉으로 표출되기 마련인데, 이를 이야기 속의 환상성을 통해서 표현할 수 있도록 하는 것이 문학치유이다.

독서가 제 기능을 못한 것은 처세서 읽기에 편중된 데서 비롯되었다고 해도 과하지 않을 것이다. 말 그대로, 세상에 대처해나가는 방법을 익힌다는 목적에 의한 독서는 과거 독서의 '치유' 기능으로부터 멀어져버렸다. 물론 처세학 종류의 책을 읽음으로써 자신의 목표를 설정하고, 그 목표를 위해서 달려가고, 스스로를 훈련시킬 용기와 자신감을 배우는 성과는 있었을 것이다. 하지만 대부분의 처세학은 심장을 뛰게 하고 경쟁 의식을 부추긴다. 처세학에 속하는 장르의 책은 불안한 사람의 마음을 더욱 자극한다. 여기에서 오는 충격과 열정은 사람들을 경쟁사회로 내몰아 성장의 원동력으로 작용했겠지만, 우리나라를 자살률 1위로 만드는 역할도 충분히 했다. 처세학의 다른 이름인 자기개발서들이 주는 메시지도 마찬가지이다.

처세학과 자기개발서류가 흘려주는 대부분의 메시지는 상대방에 대한 자신의 감정을 누르고, 친절하고 상냥한 어투가 몸에 밴 사람이 되라는 것이다. 이렇게 하면 인정받는 리더가 될 수 있다고 속삭인다. 참 좋은 가르침이다. 하지만 이 처세술을 익히기 전에 먼저 마음속에 가득 찬 좌절과 분노는 어쩌란 말인가. 지칠 대로 지친 상처투성이의 영혼들이 살아가는 데 필요한 위로를 받기 위해 선택한 처세서들이 결론적으로 말하는 것은 도전이다. 그 책들은 온갖 예를 들어서 자신의 감정을 참고 견디면 성공할 수 있다고 말한다. 그러나 그 책들이 성공을 위한 순기능을 했을지는 몰라도 행복을 보장하지 못했다.

나는 우울증 예방 문학치유 프로그램을 진행하면서 그때 만난 내담자들의 독서 수준을 보며 깜짝 놀랐다. 그들은 누구보다도 정신과 마음에 관련된 처세학과 자기개발서들을 많이 읽고 있었다. 하지만 그들은 치유되지 못했다. 사람의 마음이 치유되기 위해서 지식적으로 아는 것과 정서적으로 느끼는 것은 엄연한 차이가 있다. 마음이 치유되는 쪽은 정서적으로 느끼는 것이다. 자연스럽게 사는 책 읽기로 되돌아와야 한다.

처세학의 가르침을 읽을 때 뛰는 가슴과 이야기 속의 갈등과 해소를 간접체험하며 뛰는 가슴은 차이가 있다. 처세학에 기본적으로 깔린 '남을 이겨야 한다', '남을 이기기 위해서 내가 인내해야 한다'라는 의식은 승부욕을 부추기고 있어서 그 이면에는 부담감과 불안감이 내재해 있다. 또한 감정 억압과 감정 절제에 대한 가르침은 어떻게든 무의식을 자극한다.

그래서 처세학 읽기는 치유로서 부적합하다. 오히려 개인의 삶을 투쟁으로 이끌고 사회를 전시 체제로 만들 가능성이 농후하다. 그래서 이런 종류의 책은 정신이 건강한 사람에게는 적합할 수 있어도 마음이 불안정한 사람에게는 부적합하다.

인간의 삶에는 처세학을 통해서 배울 기술적인 부분도 필요하지만, 시나 이야기를 통해서 삶에 자연스럽게 스며드는 것이 더 중요하다. 삶은 소설 같은 서사이며, 시처럼 멜로디를 익히고 가사를 흥얼거리는 것처럼 자연스러운 것이다.

우리는 누구나 노래를 부른다. 가사가 마음에 와 닿아서 부르기도 하고, 멜로디 자체가 마음에 들어서 노래를 부르기도 한다. 신나는, 구성진, 구슬픈 노래 등을 사람마다 취향에 따라서 흥얼거린다. 이처럼 노래에 대한 취향이 다른 것은 사람마다 정서가 다르기 때문이다. 노래를 찾는 사람의 심중에는 안정을 찾고자 하는 바람이 은연중에 들어 있다. 그래서 가사를 암기하고, 음을 기억하는 수고를 즐거워하는 것이다. 서두가 길었지만, 책 읽기도 이와 같아야 한다.

전문가가 아닌 일반인이 지금처럼 다양한 정신질환의 이름들을 알고 있었던 때가 있었을까? 그리고 지금처럼 책을 통해서 감정, 절제, 성공, 인간관계, 삶의 방식에 대해서 많이 읽었던 때가 있었을까? 하지만 인간의 정신적인 아픔은 치유되지 않고 인간관계는 삐걱거리며 삶은 불행해지고 있다. 이런 면에서 보았을 때, 처세학 책 읽기는 오히려 사람을 억압하는 책 읽기라고 볼 수 있다.

이야기, 즉 문학은 감정과 삶의 형식을 가르치거나 종용하지 않는다. 아픔은 아픔대로, 슬픔은 슬픔대로, 두려움은 두려움대로, 분노는 분노대로 느낄 수 있게 한다. 이러한 정신적 체험인 문학적 상상력은 자연스러운 삶을 살아갈 수 있게 한다.

2장 문학치유의 개념

1. 문학치료의 역사와 개념

현재 우리나라에서 문학치료와 유사하게 사용되는 용어들로는 독서요법, 독서교육, 독서클리닉, 독서지도, 독서상담, 독서치료, 시치료 등이 있다. 이처럼 어느 장르에 중점을 두느냐에 따라서 개념이 조금씩 차이를 보이고 있으나, 책을 통해 사람을 치료한다는 목적은 같다.

독서치료(Bibliotherapy)란 말의 어원은 'biblio(책, 문학)'과 'therapeia(도움이 되다, 의학적으로 돕다, 병을 고쳐주다)'라는 그리스어의 두 단어에서 유래되었다. 독서치료는 그 어원에서 알 수 있듯이 책을 통해서 치료를 한다는 뜻이다.

1941년 Dorland's Crothers Medical Dictionary에서 처음으로 독서치료란 '신경증을 치료하기 위해 책들을 골라서 읽는 것'이라고 정의하였다. 이후 여러 연구자들에 의해서 다양하게 독서치료에 대한 정의가 내려지고 있다. 미국 도서관협회는 1996년에 1961년판 『Websters Third New International Dictionary』에 정의된 독서치료의 개념을 공식적으로 채택하였다. 여기에서 독서치료는 "책 읽기를 통해서 개인적인 문제를 해결하는 안내"로 정의되었다.

독서치료는 미술치료, 음악치료, 영화치료 등과 같이 상처받은 마음을 치유한다는 동일한 목적을 갖고 있다. 독서치료의 정의들은 누구나 알고 있는 문학효용론과 크게 다르지 않다고 본다. 문학이 효과적인 치유의 기능을 하기 위해서는 의학, 정신분석, 심리학 등의 학문으로부터 인간의 정신과 마음에 대한 이론을 수용해야 한다.

우리네 삶을 가장 닮은 장르가 문학이다. 삶이 '이야기'와 비슷하다는 점을 감안하여 치료의 방법을 찾으면 맹목적이지 않고 구체적인 치유의 방법을 찾을 수 있을 것이다.

다음은 인간의 감정에 대한 문제이다. 정신에 문제가 생긴 내담자는 개인 스스로나 사회적인 면에서 감정의 변화가 원만하지 않다. 이러한 때에 '이야기'와 '시' 장르에 두드러진 상상력을 통해서 치유 방법을 모색할 수 있다.

무의식으로 처리된 기억의 실마리를 찾아내는 것은 치료에서 매우 중요하다. 정신분석도 이를 중요시하고 있어서, 회상을 통해서 '태초의 사건들'을 찾아내는 것을 치료의 주요 수단으로 활용했다. 대부분의 환자는 어린 시절 최초의 세계가 창조된 '그때'에 찾아온 개인적인 외상성 장애(Traumatism) 때문에 고통을 느낀다. 그것은 망각된 외상성 장애인데, 이것이 대부분 살아가면서 감정 장애로 이어진다.

이러한 이유에서 치료의 마지막 단계는 '회복'인데, 회복은 상처 받았던 최초의 시점으로 되돌아가서 그것을 현실로 통합하는 것이다. 인간이라면 누구나 상처를 가질 수 있으므로 당당하게 내놓고 도움받아야 한다. 물론 무의식을 이끌어내기 위해서는 환자의 상황과 처지에 맞는 책을 선택하고 자연스럽게 대화를 이끌어가는 독서치료사의 역할도 매우 중요할 것이다.

문학치료에서 중요한 것은 환자에게 적합한 책을 선정하는 것이다. 내담자의 정신적 또는 심리적 질병에 치료적인 영향을 줄 수 있는 방법을 택하는 것이다. 하지만 현재 우리나라의 문학치료 단계는 이론과 실제가 원만하게 맞물리지 못한 상태다.

우리나라의 경우 독서치료가 1980년대에 교육의 일환으로 도입되었다. 정운채는 이러한 독서요법을 학문 연구의 논의로 끌어들였다. 그는 문학에 대한 논의들이 독서요법에 대한 논의로 발전될 때에 한 차원 높은 효과를 볼 수 있다고 보았다. 이 논의는 독서치료와 '문학치료'의 개념을 명확히 했다는 점에서 큰 의의를 가진다. 왜냐하면 '문학치료'는 우리의 오랜 삶에서부터 중요하게 여겨 온 이야기의 효과를 이론적으로 설명하고 있기 때문이다. 문학치료와 우리의 삶과의 관련성은 역사를 거슬러 올라가 고려 때부터 시행된 과거제도의 인재 선발 기준을 생각해보면 더욱 이해가 빠르다.

정운채는 고려시대에 인재를 선발할 때 시화(詩話)를 가장 중요하게 여긴 까닭은 삶에서 '문학'의 가치가 중요함을 철저하게 인식했기 때문이라는 것을 발견했다. 유몽인의 『어우야담』 41화는 시로써 학질을 낫게 한 이야기를 전하고 있다. 과학적이지는 못한 일화이지만 시(문학)가 집단의 심리를 다스려 병을 낫게 한 사례를 보여준다고 할 수 있다.

2000년도에 들어서며 우리나라에서 독서치료에 대한 이론 연구가 본격화되었다. 변학수는 일반적으로 사용되고 있는 독서치료라는 용어에 '문학치료'라는 새로운 개념을 도입하여 치료에서 문학의 역할을 더욱 구체화하였다. 그는 굳이 문학치료라는 말을 도입한 이유에 대해 독서치료가 수동적인 것에 반해 적극적이고 구체적인 문학 활동을 치유에 포함하기 위해서라고 설명한다.

차치하고, 책에서 숨의 한 가닥을 찾으려고 한 것은 다행한 일이다. 앞에서 정리해온 독서치료, 문학치료의 차이는 있지만 누가 어떻게 활용하느냐에 따라서 부가 가치는 달라질 수 있을 것이다. 그런데 이 책에서는 독서치료와 문학치료가 아닌 문학치유라는 용어를 사용하고자 한다. 왜냐하면 이 용어들은 상통하지만 인간 치료(치유)라는 공동 목표로 다양한 방식이 행해지고 있기 때문이다. 엄중하게 말하여, '치료'는 병이나 상처 따위를 낫게 한다는 의미이고, '치유'는 심리적으로 안정감을 주어 병을 낫게 한다는 의미가 강하다. 이때 '치유'는 삶에 가깝고, 지속가능하고, 자연스러워야 한다.

또 '문학치유'라는 용어를 사용함으로써 인간 치유를 목표로 각계에서 행하고 있는 특성과 방식에 상충되는 것을 피하고, '문학'을 통해서 사람의 마음을 '치유'한다는 근본에 가장 충실하고자 한다.

내가 이 책에서 말하고자 하는 것은 '문학'을 통한 치유이다. 현실보다는 환상에 가깝고, 의식보다는 무의식에 가까운 문학이 보이지 않는 정신 영역을 치유하기에 적합하다. 현실은 공존하기 어려운 것이 공존하고, 일어나지 말아야 할 일이 일어나는 환상적인 곳이기도 하다. 예를 들어 세상을 떠들썩하게 하는 부녀자 연쇄 납치, 살인 사건 보도를 접한 모든 사람은 어둠을 두려워하게 된다. 이 두려움으로 인해 정도에 따라서 생활에 곤란을 겪는 사람도 있다. 이러한 사건의 희생자가 되지 않기 위해서 경각심을 가지고 주의하는 정도로 받아들이는 것은 정상적이지만 지나친 공포로 생활에 어려움을 겪는 사람은 치료 대상이 된다. 똑같은 상황에서 사람마다 반응이 다른 것은 그들 속에 근본적으로 내재된 개인의 서사가 다르고, 각인된 기억이 다르기 때문이다. 주로 새로운 상황을 받아들일 때 사람마다 차이가 드러난다.

새로운 상황을 자연스럽게 받아들이지 못하는 사람은 자기 서사가 잘못되어 있는 상태로, 현실에서의 삶이 균형적이지 못하다. 어떤 이유에서든 현실에서 균형을 잃은 사람은 정신적인 아픔을 느낀다. 이 아픔은 대부분 과거의 상처에서 비롯된 것이지만 상처가 클수록 그 아픔의 원인을 기억하지 못한다. 정신적 아픔은 스스로 기억하기 싫어하여 무의식 영역에 저장하기 때문이다. 마음의 병도 육체의 병을 치료할 때와 마찬가지로 아픈 곳을 먼저 알아내는 것이 중요하다. 하지만 육체의 병든 세포가 정상적인 세포에 가려서 찾기 어렵듯이, 마음의 병의 원인도 찾기 어렵다. 마음의 병이 존재하는 무의식은 의식에 눌려 있기 때문이다.

이러한 정신적 아픔을 치유하기 위해 정운채는 '서사'라는 개념을 매우 중요시했다. 문학치료에서 개인의 이야기를 가장 중요하게 여기는데, 그 이야기들을 통해서 개인의 문제를 보아야 한다는 것이다.

문학치유에서 문제란 개인의 정신적 아픔을 말하는데 그 아픔은 '공포' '불안' '외로움' '두려움' '미움' '증오' '과도한 자기애' '우울증' '조증' '과대망상' '따돌림' '중독' '편집증' 등을 포함한다. 구체적으로는 문학을 통해서 이 감정과 증상들을 자각하며, 자신의 무의식을 삶의 층위로 끌어올리는 것이 문학치유의 시작이라고 할 수 있다. 그리하여 문학은 우리의 현실과 의식 속에 공존하기 어려운 것들이 공존할 수 있도록 조화를 찾아주는 것이다.

우리의 삶에는 행복과 불행이 존재하고, 화평과 불화가 존재하고, 믿음과 불신이 존재한다. 인간을 우울하게 하고 불안하게 하는 것은 불행하다고 느끼는 것, 불화가 지속된다고 느끼는 것, 믿지 못하는 것에서 비롯되었을 것이다. 이러한 감정을 드러내는 것이 문학이다. 문학을 통해서 행복/불행, 화평/불화, 믿음/불신, 공평/불공평, 성공/좌절 등을 받아들이고 스스로 자신의 감정을 조율하거나 치료사와 함께 조절해가는 것이 문학치유이다.

문학치유는 거창하지도 않고 새로운 이론도 아니다. 과거의 할머니로부터 이야기를 듣는 것, 스스로 이야기를 읽는 것에서 이미 문학치유가 시작되었다. 다만 이러한 환경에서 멀어져 살아온 우리 사회집단에 나타난 병적 증상을 가진 이들에게 문학을 통해서 '그들의 이야기'를 찾아주는 것이다. 그러기 위해서는 정신과 마음에 대한 이해가 필요하고 정신분석학적인 안목을 필요로 하는 것이 현대적 의미의 '문학치유'일 것이다.

2. 내담자와 문학치료사

문학치유를 받아야 할 대상자는 삶을 살아가야 하는 모든 사람일 것이다. 인간은 그 누구도 완벽하지 않을 뿐만 아니라, 사람 사이에서 감정적으로 온전한 사람은 없기 때문이다. 여기에서 문학치유 프로그램에 참여하는 사람들을 어떻게 칭할 것인지에 대한 문제가 발생한다. 문학을 통해서 치유되는 프로그램에 참여한다고 하여 이들을 '환자'라고 명명할 수는 없다. 환자는 병을 앓고 있는 사람을 일컫는 말이다. 마찬가지로 문학치유 대상자도 정신이 불안정한 사람이기는 하지만, 일반적인 환자라고 하기에는 문제가 있다.

양의학에서 환자란 의학적 소견에 따라 병명을 붙일 수 있는 증상을 보이는 사람을 일컫는다. 또한 한의학에서는 증상만으로도 환자라고 규정하여 그에 따른 처방을 한다. 이때 환자는 국가 차원의 건강보험이나 개인적인 의료보험 등의 수혜를 받을 수 있게 된다. 그렇기 때문에 문학치유에서 환자라는 말을 함부로 사용하는 것은 문제가 있다.

현재 치유와 개선을 목적으로 상담을 비롯한 프로그램을 진행하는 현장에서는 그 대상자들을 내담자라고 부른다. 문학을 중심으로 집단상담, 개인상담, 문학치유 토론 등의 프로그램에 참여하는 이를 칭하는 용어로도 내담자가 가장 적합할 것이다. 이 책에서도 문학치유에 참여했던 자, 문학치유를 필요로 하는 자를 내담자라고 할 것이다. 내담자는 본인이 문학을 통해서 정신과 심리적으로 완전해지고자 하여 스스로 원하여 참여하기도 하고, 주위의 사람이 권해서 참여하기도 한다.

또한 이 내담자들을 치료하기 위해서 존재하는 사람을 문학치료사라고 한다. 문학치료사는 독서치료사, 문학치료사 등의 자격증을 갖춘 사람들로 다양한 방법으로 내담자의 치료사 역할을 한다.

문학치료사는 내담자가 책 속의 인물과 사건을 통해서 자신의 감정을 움직일 수 있도록 유도해야 한다. 치료사는 내담자가 책이라는 매개체를 통해서 자신의 감정을 말하게 하고 때에 따라서는 눈물을 흘릴 수 있도록 해주어 안정감을 찾아주는 역할을 해야 한다. 여기에서 원리는 내담자가 자신의 무의식 속에 억눌려 있는 상처를 꺼내어 스스로 이해하고, 의식의 단계에 올려놓는 것이다. 문학치료사는 내담자에게 가장 적합한 문학치유 프로그램을 제공하여 상황에 따라서 말과 눈물로 쌓인 감정을 덜어내주고, 부족한 감정을 채워주어야 한다. 문학치료사는 내담자가 이 단계에 이르기까지 애정 어린 지지자 역할을 할 수 있어야 한다.

내담자는 대부분 자신이 피해자라고 생각하고 있고 패배 의식에 사로잡혀 있다. 이들을 치료할 때 목표는 원래의 힘을 복구시키는 것이다. 또한 내담자들이 느끼는 고립감과 무력감을 줄여준다는 원칙을 치료의 밑바탕에 깔아야 한다.

문학치료사는 내담자의 마음과 감정을 움직이게 하는 역할을 하는 사람이다. 그래서 문학치료사는 내담자와의 전이와 역전이의 문제를 과감하게 수용하고 이를 활용하여 치료할 수 있어야 하기 때문에 늘 충분한 에너지를 보유하고 있는 사람이어야 한다.

3. 문학치료사와 내담자 간의 전이와 역전이

문학치유를 할 때에 치료사와 내담자의 관계에서는 '전이'나 '역전이'가 나타날 수 있다. 전이는 정신분석의 거장들인 브로이어, 프로이트, 융에 의해서 거론되었을 만큼 중요한 이론이다. 일반적으로 전이와 역전이는 상담사와 내담자가 상담하는 과정에서 일어나는 감정, 정동, 무의식 등의 변화를 말한다. 이 책에서는 문학치료사와 내담자의 치료 과정에서 생길 수 있는 현상으로 설명하고자 한다.

전이는 내담자와 상담하는 과정에서 문학치료사의 감정, 정동, 무의식 등에 변화가 생기는 것을 말한다. 역전이는 반대로 이 과정에서 문학치료사를 통해 내담자에게 변화가 생기는 것을 말한다.

이러한 현상에 대해서 연구자들마다 견해의 차이가 크다. 가령 내담자가 문학치료사와 소통하면서 그를 과거나 현재의 부모, 형제 또는 자신의 상처와 관계 있는 사람으로 동일시할 수 있다. 이렇게 내담자와 문학치료사의 기억들이 섞이게 되었을 경우에 치료에 미치는 영향이 긍정적인가 부정적인가에 대해서 견해의 차이가 있다.

나는 문학치유에서 전이와 역전이는 매우 중요하다고 본다. 이때에 문학치료사의 능력이 가장 크게 요구될 것이다. 자칫 서로의 감정이나 과거가 엉켜서 치료에 방해가 될 수도 있기 때문이다. 그래서 프로이트는 이 전이와 역전이 현상을 연구하고도 매우 조심스러워했었다.

하지만 정신치료는 소통이 목적을 목적으로 하고 소통에서부터 치료도 시작된다. 그래서 정신치료에서는 전이와 역전이를 중요한 과정이라고 본다. 더구나 문학치유에서 전이와 역전이는 문학에서의 인물, 감정에 대입할 수 있기 때문에 문학치료사의 부담을 줄일 수 있다. 문학에서의 갈등 관계나 감정의 이해를 통해서 치유 방법을 찾을 수 있기 때문에 이러한 전이(역전이) 현상은 필요하다고 본다.

3장 문학치유의 목적

1. 스토리 저장과 자기 인식

문학치유의 목적은 한마디로 문학을 통해서 삶은 어떻게든 살아가는 것임을 알게 하는 것이다. 문학치유는 이야기를 듣는 것에서 시작된다. 삶은 행복, 슬픔, 기쁨, 노여움, 불안함, 우울함 등이 존재한다는 것을 알고 자신에게 처해진 어떤 상황이라도 그것을 하나의 스토리로 받아들일 수 있도록 다양한 이야기를 기억하는 것이다. 이렇게 저장된 이야기를 상황에 맞게 내어 활용하는 습관이 문학치유의 시작이다.

문학치유에서 먼저 자기 자신의 문제를 알게 하는 것이 매우 중요하다. 이때에 '자기'라고 함은 자신의 감정과 자신의 태도를 모두 포함한다. 자기 이해가 부족할수록 남녀노소, 지위 고하를 막론하고 정신적으로 불안정하다. 이 불안정함은 모든 소통을 가로막아 삶을 불안정하게 한다. 바쁜 일상 속에서 일을 이해하고 처리하는 능력은 뛰어나도 '자기 자신'에 대한 이해가 부족한 사람들이 늘고 있다. 자기 자신에 대한 이해가 부족한 사람은 의외로 많아서 연예인, 예술가, 교수 등 유명하고 촉망받는 인물 중에도 많이 있다.

마음의 상처 때문에 일상적인 삶을 힘들어하는 사람도 있지만 반대로 상처에서 비롯된 불안, 소외, 분노, 억눌림 등을 자신의 일에 몰두하는 것으로 푸는 사람도 많다. 하지만 이 두 유형 모두가 자신을 알기 전에는 행복의 한계에 부딪히게 마련이다.

자기 자신을 모르는 사람이 어떻게 타인을 제대로 파악할 수 있겠는가. 결국 자신의 본모습을 부인하거나 잊고 사는 사람은 타인과의 소통도 되지 않는다. 소통을 가로막는 것은 개인 속에 존재하는 치유되지 않은 상처 때문이다. 인간이 정신적인 상처를 받게 되면 육체적 상처와 달리 의식적으로 회피하려는 경향이 강하다. 회피는 그 상처를 잊고 싶어 하는 강한 무의식의 발로이며, 일종의 방어기제로 볼 수 있다. 이러한 방어기제의 하나인 '잊음'의 원인은 그 상처로부터 자신을 보호하려는 의도도 있겠지만, 그 정신적 상처의 경향이기도 하다. 하지만 잊혀지는 상처란 없다. 잠시 덮여 있을 뿐이다.

육체의 상처도 덮어두면 더욱 악화되고 신체의 다른 부분으로까지 전이되듯이 마음의 상처도 마찬가지이다. 마음의 상처를 잊으면 된다고 생각하고 덮어두면 결국 어느 상황에서는 걷잡을 수 없는 형태로 나타난다. 잊었다고 생각했던 상처가 덮을 수도 없는 넓은 범위로 번진다. 정신적 상처를 제 마음대로 잊었다고 생각하는 것은 손바닥으로 하늘을 가리려는 것과 같다.

사람은 스스로 정신적으로 상처받은 것을 자각하기도 하지만 자신도 모르는 사이에 상처를 받기도 한다. 사람마다 느끼는 정도에 따라서 이 상처는 육체의 상처처럼 스스로 치유되기도 하지만, 치유되지 않은 채 곪아가는 경우가 대부분이다.

육체의 상처도 곪기 전에 바로 치료하는 것이 중요하듯이, 정신의 상처도 바로 치유하는 것이 무엇보다도 중요하다. 하지만 정신의 상처는 육체의 상처와 달리 자신도 자각하기 어렵다는 것이 문제이다. 그래서 이 정신적 상처를 치유하지 않고 긴 시간 앓으면 먼저 자신이 아프고 그 후 친구, 형제, 사제, 남녀, 부모, 부부 등 모든 관계에 얼룩이 진다. '긴 병에 효자 없다'는 말이 있듯이, 마음이 병든 사람의 말과 행동을 끝까지 참아줄 수 있는 지인도 드물다. 육체에 난치병이나 고질병이 생겨 긴 시간 치료를 받아야 하는 경우와 다를 바 없다. 아마도 더 심각한 경우도 있을 것이다. 마음의 상처를 치유하지 못하여 그로 인해 쌓인 분노가 자신을 향하면 자살을 택하고, 타인을 향하면 폭력, 파탄 등의 사회문제로 발전한다.

2. 예방과 치유의 문학치유

1) 실재와 환상의 조화

라캉은 자신의 사상을 상상계, 상징계, 실재계로 정립했다. 상상계는 환상이 부각되고 상징계는 질서와 억압이 따르는 세계이다. 이 두 세계의 조화로운 전제를 필요로 하는 것이 실재계이다. 한 인간의 삶에서 상상성이 지나치게 비중이 커도 정상적이지 못하고 상징계 쪽으로 치우쳐도 정상적이지 못하다. 라캉이 이상적으로 보는 실재적인 삶은 인간의 질서 속에서 적당한 환상성을 유지하는 것이다. 인간이 현실적인 삶과 환상적인 세계를 동시에 구축하기 위해 필요한 다양한 기재들이 있겠지만 나는 문학 즉 이야기만 한 것이 없다고 본다.

현실만 있는 삶은 갈등을 견딜 힘에 한계가 있다. 요즘 자주 발생하는 '묻지 마 범죄'가 바로 자살의 다른 모습이다. 이들이 자신과 관련도 없는 불특정인을 죽인 것에는 이유가 없다. 이 '이유가 없다'라는 해석은 정상적인 사람들의 판단이다. 하지만 이들에게는 나름대로 이유가 있다. 물론 그 이유는 비정상적이다. 자신 안에 분노가 가득했기 때문이다. 어느 순간 자신의 기분을 나쁘게 한 것이 이유가 된다. 이 상황을 합리적이고 이성적으로는 설명할 수가 없다. 하지만 불합리한 무의식 세계를 인정할 때는 설명이 가능하다.

타인에게 우발적으로 일어나는 분노를 견디지 못한 사람의 내면에는 '사람으로 살아가는 다양한 스토리'가 내재되어 있지 않다. 범법자가 된 사람들의 환경은 '이야기'를 듣거나 읽을 기회가 없는 삭막한 것이었다는 공통분모를 가지고 있다. '아는 만큼 보인다'는 말이 있다. 다양한 '스토리'를 가지고 있지 못한 사람은 사는 것에 대한 '느낌'이 결여되어 있기 때문에 타인의 '표정'을 대체하여 읽을 다양한 기호가 없는 것이다.

예를 들어서, 자신과 아무런 상관 없는 사람에게 상해를 입힌 범죄자에게 왜 그렇게 했느냐고 물었을 때 그의 답변은 어처구니가 없다. "자신을 기분 나쁜 표정으로 쳐다봤기 때문"이라는 것이다. 얼마나 어이가 없는 답변인가? 정상인이라면 이 대답이 잘못되어 있음을 안다. 그 가해자는 자기 자신의 기분 상태를 불특정한 상대방에게 전가한 것이다.

이성적으로는 판단했을 때, 이 상황은 비상식적이고 무법적이다. 하지만 당사자의 무의식 속에는 많은 말들이 담겨 있을 것이다. 자신 속에 존재하는 '두려움과 분노'를 대체할 환상이 없기 때문에, 자신과 아무 상관 없는 타인의 사사로운 표정이나 행동을 '살인적인 적의'라는 기호로 해석한 것이다.

자살을 택한 사람의 무의식도 마찬가지이다. 다양한 삶의 이야기가 확보되지 않았기 때문에 상대를 인식할 때에 '견디지 못할 두려움'의 대상으로 인식한다. 이 두려움을 대체할 '환상'을 확보하지 못한 것이다. 그래서 자신이 느끼는 이 거대한 두려움을 누구나 느낀다고 오인하여, 자신의 문제를 밖으로 표현할 생각을 하지 못한다. 결국 망상을 따라서 자해를 택하게 되는 것이다.

모든 이에게 문학적 상상력은 필요하다. 건강한 개인을 문학 안으로 불러들여서 그의 삶 속에 다양한 이야기를 장착시켜주는 것이 예방 차원에서의 문학치유의 시작이다. 누구든지 삶에서 피할 수 없는 갈등과 위기 극복이 잘 재현된 문학작품을 선정하여 삶의 상황과 일치시켜주는 것은 문학치유의 시작점이다.

스토리는 고통스러운 사건을 인생 스토리 속으로 통합시키는 방법을 제공한다. 상처받은 사람은 자기 자신이 남에게 이해받고 자신의 행동이 정당화되었음을 느낄 뿐만 아니라 자신의 과거와 비교하여 스스로를 더 잘 통제할 수 있게 되었다는 느낌을 갖게 된다.

중국 속담에 "많은 것을 보지 못한 사람은 많이 놀란다"라는 말이 있다. 이 속담의 '많은 것을 본다'는 '경험한다'라는 의미로 확대할 수 있고, '놀란다'의 의미는 모든 '두려움, 분노, 공포를 느끼다'의 의미로 이해할 수 있다. 뒤에서 자세히 서술하겠지만, '두려움, 분노, 공포'의 감정은 한 뿌리에서 나온 감정으로 익숙하지 못한 상황에서 느끼는 특성이 있다.

'많이 놀라지 않는' 사람에게는 다양한 삶의 방식, 즉 살아가는 다양한 이야기가 내재되어 있다. 그래서 어떤 상황에 처하더라도 그 상황에 대한 다양한 스토리를 재구성하게 된다. 이러한 원동력은 이야기에서 비롯된다. 입에서 입으로 전해 들은 이야기나 책을 통해서 섭렵한 이야기라도 그 기능은 비슷하다.

책은 정서를 나눌 수 있는 매개체로서 가장 적합하다. 특히나 요즘처럼 복잡하고 다양한 사회구조 속에서 '나'를 잃어버리고 '불안'한 정서로 인한 정신분열 등의 정신질환이 늘어가는 아동 청소년의 치유를 위한 독서법의 개발과 적용은 시급히 요구된다. 건강한 아동과 청소년이라고 해도 이러한 환경에서 자신을 지키기는 어려워졌다. 그래서 아동과 청소년들이 자신과 타인을 이해하고 통찰하는 힘을 키우는 예방 차원에서의 문학치유도 필요하다. 심리학자 조셉 골드는 자신이 당한 모욕을 누군가와 토론하면서 살아갈 수 있는 어린아이는 상처받지 않고 자랄 수 있다고 하였다.

이제 구전 민담 하나를 예로 삼아 이야기의 치유 기능과 그 과정을 설명하고자 한다. '자신 이해'와 '타자 이해'로 나아갈 수 있는 이야기이다.

> 어느 마을에 형제가 살았어요. 형은 마음씨가 고약하고 동생은 착했어요. 어느 날, 착한 동생은 어머니, 형님 그리고 가족을 위해서 땀을 뻘뻘 흘리며 나무를 하고 있었어요. 어디선가 밤 한 톨이 또르르 굴러왔어요.
> "웬 밤이지? 어머니 갖다 드려야겠네."
> 동생이 밤을 주우며 중얼거렸어요. 그때였어요.
> "이게 웬 밤이지? 어머니 갖다드려야겠네."
> 누군가 동생의 말을 흉내냈어요.
> 동생은 주위를 두리번거렸어요. 그러나 아무리 살펴보아도 사람이라곤 없었지요.
> 다시 밤 한 톨이 또르르 굴러왔어요.
> "이건 형님 드려야겠네." / "이건 형님 드려야겠네."

다시 똑같은 소리가 들려왔어요. 밤 한 톨이 또 또르르 굴러왔어요.

"이건 조카 주고."/"이건 조카 주고."

또 밤 한 톨이 굴러왔어요.

"이건 아내 주고."/"이건 아내 주고."

또 밤 한 톨이 굴러왔어요.

"이건 내가 먹고."/"이건 내가 먹고."

누군가 동생이 하는 말이 번번이 흉내냈어요.

동생은 소리 나는 곳으로 가보았어요. 그때 수풀 속에서 거북이 한 마리가 엉금엉금 기어 나왔어요.

"네가 말했니?"/"네가 말했니?"

동생이 묻자 거북이가 되받아 물었어요. 동생은 신기해서 거북이를 안고 장터로 갔어요.

"말하는 거북이입니다. 한번 들어보세요!"

동생이 소리치자 사람들이 모여들었어요.

"거북이가 말을 한다고? 그런 거짓말이 어디 있어?"

사람들이 비웃으며 손가락질을 했어요.

"거짓말인지 아닌지는 보시면 압니다."

동생은 거북이를 쓰다듬으며 말했어요.

"이건 어머니 드려야겠네."/"이건 어머니 드려야겠네."

거북이가 동생의 말을 그대로 흉내냈어요. 거북이는 동생이 하는 말을 모두 따라 했지요. 사람들은 감탄하여 돈을 던져주었어요. 그렇게 해서 동생은 많은 돈을 벌게 되었어요. 그 돈으로 동생은 논밭도 사고 소도 샀어요. 그 소문을 들은 형이 달려왔지요.

"야, 그 거북이를 며칠 빌려야겠다! 내가 형이니까 더 잘살아야 하지 않겠니?"

형은 벌써 거북이를 번쩍 빼앗아 들며 말했어요.

"그러시지요."

동생은 순순히 거북이를 빌려주었지요. 형도 동생처럼 거북이를 장터로 데려갔어요.

"말하는 거북이입니다. 자, 돈을 내시고, 한번 들어보세요."

형이 소리치자 사람들이 몰려들었지요.

"이건 어머니 드려야겠네."

"……"

그러나 거북이는 형의 말을 따라 하지 않았어요.

사람들은 형에게 "미친 사람 아냐?" 하며 손가락질하고 돈을 도로 챙겨서 돌아갔어요. 화가 난 형은 거북이를 때려 죽였어요.

거북이가 죽었다는 소식에 동생은 당장 달려왔어요. 동생은 "나 때문에 네가 죽었구나!" 하고 눈물을 흘리며 거북이를 마당에 묻어 주었어요.

그 이튿날, 거북이의 무덤에서 파란 싹이 나왔어요. 싹은 쑥쑥 자라 금방 큰 나무가 되었어요. 주먹만 한 열매도 맺었어요. 동생은 열매를 따서 껍질을 벗겨보았어요. 그러자 속에서 황금이 나왔어요. 동생은 곧 부자가 되었어요. 소문을 들은 형은 배가 아파서 견딜 수가 없었어요. 형은 자기도 황금 열매를 얻고 싶어서 동생 몰래 거북이를 파다가 자기 집 마당에 묻었어요. 거북이 무덤에서 다시 싹이 나오고, 나무가 되어 열매가 맺었지요.

"옳지, 황금 열매가 맺었구나!"

형은 당장 열매를 따서 껍질을 벗겼어요. 그런데 열매에서 나온 것은 황금이 아니라 똥이었어요.

"이게 뭐야!"

똥은 쉴 새 없이 쏟아졌지요. 열매뿐 아니라 나무에서도 쏟아졌지요. 잠깐 사이에 형의 집은 똥에 묻히고 말았지요. 욕심 많은 형도 함께 묻혔어요.

2) 자기 이해

자기에 대한 이해는 타인과의 갈등을 겪으면서 생성된다. 인간은 살아가며 타인으로부터 자신의 것을 지켜야 하는 필연적인 고민에 처하면서 내적인 자신을 바라본다. 이 고민은 내적인 갈등이지만 외적인 갈등과 치밀하게 연결되어 있다. 이때에 타인과 다투지 않고 자신의 것을 지키는 것은 이상적이지만 쉽지 않다. 스스로 자신을 이해시키기 위해서는 몇 가지의 확신이 필요하다. 이 확신은 우리의 삶에 이어져 내려오는 이야기 속에 들어 있다.

> **선에 대한 확신** – 선한 행동에 대한 보상 : 착한 동생의 행위
>
> **기본적인 인간관계 가족에 대한 소신** – 가족은 이해타산의 관계가 아니다 : 형에 대한 변함없는 동생의 배려
>
> **조력자의 존재에 대한 환상** – 착한 행위자의 주변에는 조력자가 있다 : 거북이, 황금 열매
>
> **시간과 공간의 환상** – 시간과 장소는 슬픔을 주기도 하고 기쁨을 주기도 하는 유동적인 공간이다 : 동생의 산, 시장

사람이 가장 좌절하고 상처받는 것은 선한 일을 행했는데도 불행이 닥치거나 보상이 없을 때이다. 하지만 이러한 상황에 부딪치며 금방 그 상황에 대항하거나 좌절하지 않고 긍정적인 말과 행동으로 대처하는 에너지를 발휘하려면 사람에게 위와 같은 이야기가

내재되어 있어야 한다.

이 이야기에서 상처를 정상화시켜줄 수 있는 인물은 동생이다. 동생은 성실하게 일한 덕분에 '말하는 거북이'가 자연스럽게 주어졌다. 동생은 말을 할 줄 아는 거북이를 통해서 부자가 되었다. 특히 거북이가 자신을 유리하게 해주거나 불리하게 해도 거북이의 주인이 '자신'이라고 믿는 확신은 건강한 자아를 확립해줄 수 있다.

3) 타자 이해

흄은 "타인의 기쁨과 고통을 자기 것처럼 느끼는 공감 능력이 모든 인간에게 있다"고 하였다. 애덤 스미스도 이 말을 일부 인정하며『도덕감정론』에서 타인의 입장에 대해서 동류 의식을 가질 수 있는 원천은 상상을 통해서라고 말했다. 즉 타인에 대한 공감 능력은 바로 가능한 것이 아니라 타인의 상황에 대한 스토리를 상상할 수 있을 때 가능하다는 것이다.

동생에게 형은 혈육이기 때문에 소중한 거북이를 빌려줄 수 있다. 하지만 동생은 가치 있게 사용할 수 있는 거북이가 형에게는 가치가 없었다. 형은 동생의 배려와 노력을 무시하고 거북이를 죽게 했지만 동생은 이에 대해 원망하거나 복수를 하지 않는다. 다만 자신의 생활에 안정을 찾아주었던 거북이를 불쌍하게 여겨서 거두어준다.

동생은 형을 타자로 인식했을 뿐 형의 방식대로 형을 대하지 않고 끝까지 자신의 방식(도덕, 윤리)으로 대한다. 이 대목에서 독자는 인간 본연의 가치를 상상을 믿고 느긋해지는 마음을 가져도 된다는 소신을 배울 수 있다.

상상을 통해 실제 삶에 조화를 찾는 것이다. 인간의 정신질환은 거의 상실을 극복하지 못한 데서 비롯되었다.

이 이야기의 구조와 내용에는 '인간의 기본적인 욕구, 불만, 타인으로부터 도전, 그것을 이해하는 방식, 무의식, 삶의 본질'이 들어 있다. 그래서 이 「말하는 거북이」와 구조가 비슷한 이야기는 현재의 내 삶의 문제를 다양하게 드러내놓을 수 있는 텍스트로 적합하다.

그래서 늘 회복하는 삶을 살아가기 위해서는 자기 안의 스토리를 가져야 한다. 어느 상황에서든지 작동될 수 있는 비극과 희극적인 이야기와 더불어 살아가는 것이 바람직하다.

4) 예방과 치유로서의 문학치유

정서가 불안정한 아동과 청소년은 '치료'로서의 독서지도를 받음으로써 건강하게 자랄 수 있을 것이다. 마찬가지로 이야기 부재의 시대를 살아가는 건강한 아동과 청소년에게도 예방 차원에서의 치유적 책 읽기가 필요하다.

정서적 불안에서 비롯된 정신적인 문제를 안고 있는 아동과 청소년을 변별하는 것도 쉬운 문제가 아니다. '담담하게 살아가는 이야기 듣고 반응하기'를 놓치고 살아가는 이에게 모두 내재된 문제점이다.

괴테는 "우리가 가진 근본적 불행의 씨앗은 첫 교육을 너무 등한시한 것에서 비롯되었다. 여기에 장래 인간의 전체 성격, 전체 존재가 대부분 들어 있다"고 하였다. 이처럼 태아를 비롯한 영유아기 때의 불안정한 정서는 성인이 되어서까지 이어진다는 주장이 많은 연구자들에 의해서 수차 제기되어왔다. 그런데 신생아가 말을 하지 못하고, 인간이 세 살 이전의 기억을 상기하여 표현할 수 없다는 것 때문에 연구에 진척이 없고, 그에 대한 교육도 등한시되고 있는 것이 현실이다.

4장 문학치유를 위한 정신세계 이해

1. 정신세계와 문학치유

1) 본연의 모습을 보호받고 싶어 하는 인간

인간은 누구나 자신을 있는 그대로 인정받고 싶어 하는 욕구가 있다. 이 욕구로 인해 모든 사람은 자신을 솔직히 표현할 수 있을 때 자연스러워진다. 하지만 현실은 인간의 욕구를 그대로 표현하는 것을 불허한다. 그래서 대부분의 사람들은 자신이 원하는 것의 극히 일부밖에 표현하지 못하면서 살아간다. 하물며 현대인은 자신이 원하는 바를 말로 표현하는 것 자체도 거세당했다. 인간은 자신의 내면의 소리를 따라서 살아가는 존재에서 타인의 소리에 따라서 살아가는 존재로 변하였다. 인간은 우선적으로 자신의 소리를 들으며 살아갈 때에 평온하고 조화로운 존재이다. 이것을 알면서도 성취하며 살아가는 것이 갈수록 어려워지고 있다.

진 리들로프는『잃어버린 육아의 원형을 찾아서』에서 인간 본연의 욕구는 보호받고 싶어 하고, 아기 때 그 욕구를 잘 보존하여 자라면 안정적인 정서를 가진 완전한 인간으로 성숙할 수 있다고 말한다. 그는 아마존 유역의 인디언 예콰나족이 어릴 때부터 즉발 상황에 대처하는 태도가 매우 안정적이고, 나이가 들어도 몸이 매우 유연하다는 것을 발견했다. 그가 직접 수년간 예콰나족의 생활을 체험하면서 터득한 이 이론은 어린 시절의 중요성을 말하고 있다.

예콰나족 아기는 태어나서 온종일 엄마 품에 안겨서 지낸다. 아기는 엄마가 이동하는 대로 안겨 다니면서 외부의 변화를 느끼고 세상을 경험한다. 원하는 것만큼 실컷 엄마 젖을 빨고, 어떤 것도 거부당하지 않은 채 자연스럽게 자신의 원천적 능력을 기르는 것이다.

진 리들로프의 연구는 아이들이 원천적 욕구와 조화를 이루며 성장한다면 정신적으로 건강하게 자랄 수 있음을 보여준다. 어릴 때 보호받으며 터득한 신뢰감은 어려운 상황이나 위험한 상황에서 쉽고 간단하게 문제를 해결할 수 있는 능력으로 이어진다는 것이다. 이처럼 스스로에 대한 신뢰감은 강한 내적 자원을 형성하여 사회적으로도 능력 있는 인간으로 성장시킨다.

또한 마리아 산체스는『식욕 버리기 연습』에서 인간은 모두 기본적 신뢰를 가지고 태어나는데 그 신뢰는 어머니의 자궁에서 자신이 보호받고 있다는 감정과 온기를 체험하면서 생겨난다고 말한다. 세상에 나온 신생아는 어머니의 자궁 밖에서도 계속 온화함을 체험할 것이라고 기대한다. 이러한 원초적인 욕구가 잘 보존될수록 어떤 일을 해낼 수 있는 끈기가 생긴다는 것이다. 예를 들어 요즘 화두인 다이어트마저도 원초적인 신뢰가 강한 건강한 사람일수록 성공 확률이 높다는 식으로 설명하기도 한다.

하지만, 요즘 우리나라의 대부분의 아기들은 분리불안을 빨리 체험한다. 엄마의 품을 떠나서 어린이집이나 유치원에 맡겨지는 시기가 점점 빨라지고 있다. 이는 매우 위험한 현실이다. 이러한 현실에서 어쩌면 불안이라는 감정에 익숙해지는 것을 빨리 배워야 그나마 살아갈 수 있을 것처럼 보이기도 한다. 하지만 불안은 학습으로 해결되는 것이 아님을 명심해야 한다.

인간은 본능적으로 외부의 변화를 두려워한다. 이 변화에 대한 두려움은 엄마의 품을 벗어나면서 느낀다. 요즘의 아이들은 엄마의 품을 빨리 벗어나면서 그 불안감이 여러 형태로 나타나고 있다. 보호받지 못한다는 불안은 인간에 대한 불신 형태로 나타난다. 더 심각한 것은 '자기 신뢰'에 대한 불확실성이다. 이것이 정신질환의 근원이 되기 때문이다.

2) 불안과 인간

요즘 빈번하게 발생하는 청소년 범죄의 원인 중 하나로 '엄마로부터의 분리' 과정에서 생겨난 '불안'을 꼽는다 해도 무리는 없을 것이다. 요즘 아이들은 인간 본능인 '신뢰'가 깨진 상태로 살아가고 있다. 신뢰가 깨진 상태에서의 삶은 늘 불안정할 수밖에 없다. 어머니와의 분리불안은 가족, 친구, 이웃, 동료 등의 모든 관계의 불안으로 발전한다.

인간은 나면서부터 삶을 보존하려는 욕구의 이면에 '죽음의 본능'도 가지고 있다. 이러한 견지에서 볼 때 인간의 욕구는 삶을 보존하고 발전시키려는 의지만이 아니라 죽음을 갈망하는 본능까지 포함한다는 것을 알 수 있다. 생태학자 최재천은 『생명이 있는 것은 다 아름답다』에서 지구상의 생명체 중에 인간만이 자살하려는 본능이 있다고 말하였다. 인간은 살아 있는 유기체이면서 무기적인 상태를 갈망한다는 존재라는 것이다. 즉 죽은 물질인 생명 없는 상태로 회귀하고자 하는 본능이 있다는 것이다. 이 본능은 삶의 불안으로부터 도피하려는 본능으로 이해할 수 있다. 죽음의 본능으로부터 벗어나기 위해서 무의식 쪽에 자리하게 된 것이 '불안'이다. 그래서 '불안'은 인간을 살게 하는 감정이기도 하고 죽게도 하는 감정으로 이해할 수 있다.

프로이트는 극도의 불안감은 공포로 도피해야 살 수 있다고 말했다. 공포로 도피하는 데 실패할 때에 죽음과 만난다. 인간의 정신세계가 복잡하게 느껴지지만 사실은 단순하다. 왜냐면 인간이라면 누구나가 크든 작든 느끼면서 살아가는 정신의 실체이기 때문이다. 단지 의식에 치우쳐 무의식의 세계를 내놓고 생각해보거나 말하지 않을 뿐이다.

인간은 누구나 제각기 크고 작은 공포를 느끼면서 살아간다. 공포를 느끼는 대상과 상황이 다를 뿐이다. 그렇다면 이러한 불안이라는 감정은 언제부터 인간의 정신 속에 자리하게 되는 것인가. 안타깝게도 불안은 인간이 하나의 주체로서 성장하기 전 단계인 유아기 때에 생성된다. 그래서 자신의 의지와 거의 상관없이 생성되지만, 이 정신에 기반을 두고 평생을 살아가야 한다는 것이다. 하지만 낙관적인 사실은, 이 불안이라는 감정은 다스려지는 것이라는 점이다.

3) 어머니로부터의 분리로 인한 불안

정신질환 환자들이 현재의 삶에서 어떤 증후를 보이더라도 그것은 유아기 때에 원초적으로 완전한 대상이었던 어머니와의 분리로부터 시작되었을 가능성이 가장 크다. 유아가 어머니를 가장 완전한 대상이라고 여겼을 때에 느꼈던 사랑과 감사의 감정은 어머니와 분리되면서 분노, 슬픔, 공포, 불안 등의 감정으로 바뀐다. 정신질환의 주요 원인은 유아기에 어머니와의 분리의 간극을 메워줄 대체물 발견 실패에서 기인한 것이다.

어린 아기는 어머니 젖가슴과의 분리에서 겪은 좌절로 젖가슴에 대한 파괴적 충동을 갖게 된다. 그런데 자신에게 좌절과 분노를 주었기 때문에 파괴하려고 했던 어머니가 만족과 믿음을 주었던 어머니와 동일하다는 것을 인식하면서 죄책감과 우울이라는 심리적 고통을 체험한다. 이 유아기에 인식한 어머니에 대한 분노는 주체 자신의 사디즘으로 이어지고, 타인을 대할 때도 사랑과 증오라는 양가적 감정을 가지는 요인이 되어 한 인간의 정신세계를 구축한다. 어머니와의 분리불안에는 어머니뿐만이 아니라 타자들과의 분리도 포함되어 있기 때문이다.

묘한 세상이다. 인간으로서 안정적으로 살아갈 준비도 되기 전에 불안한 상황으로 몰아넣고, '안정'을 교육시키는 것이 현실이다. 하지만 '불안'이 교육으로 인해서 생기는 감정이 아니었듯이 '안정감' 또한 교육으로 얻을 수 있는 감정이 아니다. 더구나 '불안'이라는 감정들은 무의식에 가까워 겉으로 잘 드러나지 않거나 왜곡되어 나타나기 때문에 자칫 삶을 질퍽하게 만들 확률이 높다.

안정적인 정서가 가정, 특히 어머니로부터 체득될 수 있다면 가장 이상적이겠지만 현실이 그리 호락호락하지 않다. 이 시대에 안정감을 줄 수 있는 어머니는 사망이 선고된 지 오래되었다. 그렇다면 아기 때부터 자신의 감정을 이해해나가는 방법을 택할 수밖에 없다. 인간의 질적인 성장과 성숙의 정도는 결국 안정감 있는 감정에서 비롯되기 때문이다.

4) 문학은 제2의 어머니

분열적인 사람은 인간적 실존을 위협받았을 때 확연하게 반응하는 감정을 가졌다. 거의 모든 인간이 실존을 위협받는 최초의 순간은 어머니와의 분리일 것이다. 어머니와 함께 있을 때 인간은 가장 안정적인 감정을 가질 수 있다. 특히 어린 시절을 어머니와 동행하며 자란 사람에게는 안정감 있는 감정이 형성된다. 어머니와 함께 다양한 환경을 안정적으로 체험했기 때문이다.

이것을 역으로 보았을 때, 다양한 상황을 불안을 느끼며 경험한 사람은 불안한 사람으로 성장할 수 있다. 또한 다양한 상황을 안정적으로 경험할 수 있을 때 건강한 정신으로 삶을 살아갈 수 있다. 따라서 어린 시절에 어머니의 보호 아래에서 다양한 삶 체험에 실패하여 정신, 심리적으로 건강하지 못한 사람은 어린 시절로 회귀하여 치료를 받는 것이 가장 적합할 것이다. 하지만 인간은 그렇게 할 수 없는 존재이기 때문에 그 상황에 맞는 문학적 자료들을 대입시켜서 간접적으로 회귀시켜 치유책을 강구해볼 수 있다.

상처받기 이전의 상태로 되돌아갈 수 있는 매개체로 가장 적합한 것은 문학적 경험과 상상이다. 내담자의 상황에 가장 적합한 문학작품과 그에 맞는 치료 방법이 회복의 열쇠일 것이다.

2. 감정 이해와 치유

감성(emotion)이란 말은 본래 라틴어 'emovere'에서 파생되었다. 이는 '밖을 향해 움직인다'라는 뜻이다. 그래서 외부로 행동을 표출한다는 의미를 내포하고 있다. 따라서 감정은 마음의 움직임으로 정의할 수 있다. 이러한 마음의 움직임인 감정을 이해할 때에 치유로서의 독서(지도)에 용이하다.

감정을 표현하는 영어 단어는 2,000개가 넘는다고 한다. 『현대 한국어의 어휘 빈도』 자료집에 오른 6만 5,000개의 단어 중에 감정 상태를 표현하는 단어는 434개라고 한다. 우리는 이렇게 다양한 감정을 느끼고 살면서도 이 감정을 어떻게 표현하고 얼마만큼 감당하고 있을까?

이렇게 다양하게 기록할 수 있는 감정이 있는 한편으로는 이 감정을 억누르고 살아간다는 것을 생각해볼 수 있다. 눈에 보이는 일상에 밀려서 이 감정의 세계가 무시되고 있다. 현대인은 단일한 삶의 방식에 따라서 감정까지 보편화하여 살아간다. 그런 탓일까. 사회의 분위기는 위험하기 그지없다.

표면적으로 드러난 감정의 이면에는 어둡고 축축한 감정이 가라앉아 있다. 이 감정을 자신 스스로 먼저 이해하는 것이 가장 중요하다. 왜냐하면 감정은 사라지는 것이 아니며, 단지 표면적으로 바뀌어 다른 기호로 변장하여 나타날 뿐이기 때문이다.

감정이라는 개념에 대해 많은 학자들이 다양하게 정리해왔다.

Petrovsky(1993) : "감정은 개인의 평가에 의해서 결정되는 것으로 행동에 주체의 태도나 가치 부여가 수반되는 것이다."

Maisonneuve(1948) : "감정은 일종의 직관 능력으로서 감각적

지각을 초월하는 파악하는 능력이다."

윌리엄 제임스(1884) : "감정은 육체의 감각적 변화에 의하여 나타나는 일종의 정신 상태이다."

조정옥(1999) : "감정은 즉각적, 자동적으로 사물을 파악하는 기능이다."

Philip Johnson Laird : "감정은 의식 경험과 다양한 신체적, 내분비적 변화, 특징적인 표현과 행동을 수반한다."

감정에 대한 정의는 다양하지만, 공통적으로 인간의 표현과 행동을 밑바탕에 두고 말하고 있다. 그래서 이러한 감정을 통제, 절제하는 능력은 그 인간의 척도가 된다는 것을 알 수 있다. 하지만 문학치유에서는 무엇보다도 인간의 모든 감정은 누구나가 느끼는 자연스러운 것임을 알게 한다.

기본 감정

기쁨 : 신명남, 만족, 감동, 편안, 자신감, 기대감

노함 : 고통, 절망, 외로움, 두려움

슬픔 : 사랑, 미움, 분노, 공포와 연관되어 있음

즐거움 : 즐거운 느낌이나 마음

사랑 : 자기중심적 사랑과 광의의 베풂

미움 : 역겨움, 외면, 질투

욕망 : 소유욕, 욕망,

두려움 : 공포, 수줍음, 창피, 당황, 죄책감

위의 기본 감정 중에서 가장 생소하게 여겨지는 감정은 '두려움'일 것이다. 하지만 이 '두려움'의 감정이 가장 문제를 일으키는 감정이다. 우리는 '두려움'이라는 감정을 등한시해왔다. 그 결과 두려움에서 비롯된 여러 가지 정신의 문제도 소홀히 한 것도 사실이다. 문학치유는 두려움을 어떻게 극복하고 다스리느냐에 달려 있다고 해도 과언이 아니다. 불안함은 다양한 공포와 두려움의 형태로 나타나기 때문이다.

인간이 불안함을 느낀다는 것을 정신분석학적으로 보았을 때, 이것을 극복하지 못하면 병적인 상태로 간주된다. 또한 정상적이라고 하더라도 이 감정을 느끼며 사회활동을 해야 하는 사람은 목 졸림, 가슴 두근거림, 손 떨림, 다리 떨림 등의 증상을 겪으며 살아간다.

최현석에 의하면, 불안은 힘에 대한 인식의 차이에 의해서 공포나 분노로 나타난다. 내가 특별히 잘못한 것도 없는데 누군가 나를 기분 나쁘게 한다면 나는 어떤 반응을 보일까? 내가 상대방보다 나약한 존재라고 생각하면 두려움과 슬픔을 느낀다. 반대로 내가 상대방보다 힘이 세다고 생각하면 분노를 느낀다는 것이다. 또 비슷한 상황일 때, 일반적으로 남자는 분노를 더 많이 느끼고, 여자들은 공포나 슬픔을 더 많이 느낀다.

물론 지극히 정상적인 사람이라면 상황에 맞는 분노나 두려움을

느끼겠지만, 불안감이 있는 마음 상태에서는 이러한 감정 표현이 정상적이지 않다는 것이다. 굳이 예를 들지 않더라도 약자는 공포나 슬픔이 많고, 강자는 분노를 잘 드러내는 것이 일상생활의 분위기이다.

3. 치유로서의 이야기 읽기, 이야기 듣기

여기에서 말하는 문학치유로서의 이야기는 스스로 읽는 것과 누군가가 읽어주는 이야기를 모두 가리킨다.

책 읽기는 스스로의 감정을 이해하는 역할을 할 때에 타인과의 소통이 저절로 이루어져가는 과정이다. 문자가 있기 전부터 인간에게는 지금의 책 읽기에 해당하는 생활이 있었다. 그것은 바로 '이야기'의 생활화였다. 어느 공간에서나 이야기는 존재했다. 옛날부터 전해오는 이야기에서 비롯한 일상의 이야기가 그것이다.

옛날이야기는 대부분 할머니가 맡아서 전수했다. 글이 보편화되지 못했던 시절, 우리네 할머니들은 왜 그렇게 많은 이야기를 해주고 싶어 했을까? 아마 그것은 삶을 살아가는 방법을 전수하고자 하는 본능적 행위였을 것이다. 지금 우리가 하찮게 여겨서 생략하고 살아가는 할머니의 이야기가 바로 거창한 삶의 비전이었을 수도 있다. 할머니가 이야기를 전하면서 뿜어내는 자손 사랑의 에너지가 바로 사람을 살아가게 하는 기제이기도 하다. 이야기를 듣는 자손들이나 그 외의 화자들의 반응들은 일종의 공감 방식으로 작용했다.

예를 들어 무서운 대목에서 함께 무서워서 이불 속으로 얼굴을 묻거나, 소리를 지르는 행위들도 일종의 공감 반응이다. 또한 선한 자가 악인에게 호되게 당하는 대목을 들으면서 안타까움을 함께 느끼는 것도 공감 능력을 기르는 방식이다.

사람이 구연하는 이야기를 듣는 것과 개인적인 책 읽기의 차이점이 여기에서 생긴다. 혼자서 이야기를 읽으면서 갖는 생각과 느낌은 때로 일방적일 수 있다. 더구나 자폐적이거나 부정적인 생각에 처해 있는 사람은 희비극이 엇갈리는 스토리를 읽으면서도 비극에만 몰입하게 될 수도 있기 때문이다.

하지만 가장 이상적인 할머니가 구연할 경우 얻어지는 효과는 최상이다. 요즘 같은 핵가족 시대에 할머니가 들려주는 이야기를 기대하기는 어려울 테지만, 함께 이야기를 듣고 편안한 정서를 길러가는 과정은 어떤 형태이든 꼭 필요하다. 이러한 이야기를 통한 공감 능력은 삶의 공감 능력으로 발전하기 때문이다. 공감 능력은 보편적인 감정 인식으로 발전하여 나아간다. 공감 능력이 부족하면 인간의 삶에서 소외된다. 그래서 옛날이야기를 할머니를 통해서 들었던 세대에게는 별나게 똑똑하지 않아도 무던하게 각기 다른 삶의 방식을 이해할 수 있는 여유가 있었다. 뛰어난 사람은 인정해주고, 특별하지 않아도 자신의 삶을 즐길 줄 알았다. 하지만 지금, 현대인의 모습은 어떠한가. 뛰어난 사람을 인정해주지도 못할 뿐만 아니라 자신의 일상을 무던하게 꾸려갈 수 없는 사람들이 많다. 치유가 없는 삶을 살아가는 사람들의 모습이다.

지나치게 날카롭거나 지나치게 무심해져 위태로운 세대. 각자의 삶은 이야기이기에 그 주변의 인물들과 공감하며 살아가야 하는, 그 보편적 삶의 가치를 전해줄 할머니 같은 존재가 사라졌기 때문이다.

예전에는 이야기를 전해주며 어머니와 다름없이 안정감 있는 자손 보존 역할을 했던 할머니가 존재했다. 지금도 생물학적 할머니는 있지만 정신을 지탱해줄 할머니는 존재하지 않는다. 과거에는 엄마의 역할을 부차적으로 대신할 대상이 있었다. 할머니가 있었고, 할머니로부터 전해 듣는 이야기가 바로 그것이다. 이때에 화자인 할머니는 청자(손자)의 혈육으로 서로의 일상을 잘 아는 사람이다. 그래서 할머니는 이야기를 들려주며 청자를 이야기의 상황 속에 자연스럽게 배치할 수 있다. 이야기 속에서의 갈등과 해소 맥락을 청자의 인생에 배치하는 것이다. 이 이야기 전달 방식을 통해서 청자는 자연스럽게 삶을 이해했다. 삶에서의 불안과 갈등은 누구든지 느끼며 살아가며 시간이 지남에 따라서 해결된다는 것을 이야기의 맥락에서 이해하게 하는 것이 문학치유의 강점이다.

인간을 가장 위태롭게 하고 가장 궁지로 몰아넣을 감정인 '불안'을 극복하는 법은 훈련이 아니라 받아들이는 것이다. 다양한 삶을 읽고, 느끼고, 말하면서 '불안'은 누구나의 삶 속에 존재하는 것으로 이해하는 것이다. '불안'을 이해하면서 그것을 자연스럽게 다스리는 연습을 반복하는 것이 바로 치유이다. 객관화된 나, 그것이 이야기의 상황 속에서 만나는 나의 모습이다.

이러한 이야기 읽기, 듣기는 교육되는 것이 아니라 일상생활에서 자연스럽게 이루어지는 것이어야 한다. 요즘 아이들은 기저귀도 떼기 전에 이야기의 가면을 쓴 독서교육, 영어교육, 한글교육 등을 받으며 자란다. 과연 이 아이들이 자라고 어른이 되어서 행복한가. 답이 '아니오'라는 것은 다 아는 사실이다. 요즘의 아이들은 조금만 다르면 따돌리고 따돌림당한다. 중간이라는 것이 없고, 극과 극을 달린다. 당하거나 해코지하고, 죽기 아니면 살기식으로 양극을 오가며 살아가는 방식에 노출되어 있다. 어쩌다 따돌림당하는 처지에 놓여도 누군가에게 도움을 요청할 만큼의 공감 능력도 길러지지 않았다. 이러한 문제는 이야기(문학)가 상실한 시대의 비극이다. 무의식 속에 자리한 분노, 불안, 고립감 등을 대체할 이야기가 없기 때문이다.

4. 무의식 영역을 발견하는 문학

인간에게는 네 가지 마음의 영역이 있다고 한다. 내가 알고 남도 알 수 있는 영역, 나만 알고 남은 모르는 영역, 나는 모르는데 다른 사람만 아는 영역, 나도 모르고 남도 모르는 영역이다. "열 길 물속은 알아도 한 길 사람 속은 모른다"는 말이 있듯이, 마음의 영역은 오묘하기 그지없다. 더구나 이 네 가지 마음의 영역 중에 '나도 모르고 남도 모르는 영역'을 심리학에서는 가장 큰 부위로 본다. 이 영역이 무의식의 영역이다. 정신의 문제는 이 영역에서 생긴다. 심리학자나 치유연구학자(주서택 · 김선화)들도 역시 무의식에 속하는 이 영역을 매우 중요하게 본다.

자신도 모르게 행하는 행동이나 튀어나오는 말을 두고, '무의식적'이었다고 고백하는 경우가 많다. 분명 의식적이지 않은 거대한 영역이 자신의 내부에 있다는 것을 고백하면서도 이 영역을 소홀히 한다. 그렇다면, 어떤 것이 무의식 영역으로 유배되고, 어떤 것이 의식 영역에 남았는가? 의식 영역은 우리가 기억하고 인식하는 영역이므로 그리 중요하지 않다. 무의식이 문제이다.

무의식은 충족되지 못한 욕망이 거처하는 공간이라는 정신분석학 이론에 나는 동의한다. 이 무의식의 공간에는 의식으로부터의 억압이 따른다. 하지만 엄밀하게 이 공간도 의식의 영역에 속하는 공간이다. 인간은 교육, 죄의식 등에 의해서 표면화할 수 없는 생각이나 의지를 무의식 영역에 가둔다. 그래서 프로이트는 정신은 의식과 무의식이 투쟁하는 장이라고 말했다. 이러한 한 개인 내부에서 늘 충돌하는 이중적인 의식/무의식, 선/악, 도덕/비도덕, 안정/불안정, 개방/자폐 등의 정신세계를 인정하는 것으로부터 치유는 시작된다.

인간의 의식에 스스로를 방어할 수 있는 장치가 없다면 세상은 마음앓이하는 소리로 가득할 것이다. 마음이 아파본 사람은 안다,

이 아픔도 육체의 상처에 버금가는 통증이라는 것을. 하지만 사회는 정신적 아픔을 눈물 이외의 다른 행동이나 소리로 나타내는 것을 허용하지 않는다. 말로 표현하는 것도 허용하지 않는다. 두어 번만 누군가와 마주 앉아 마음이 아프다는 말을 했다면 '궁상스럽다' '청승맞다'라는 평가를 받으며 소외될 것이다. 그래서 인간은 무의식적으로 아픔을 표현하는 방어기제를 필요로 했다. 방어기제 사용에 실패했을 때, 정신병은 물론이고 육체의 아픔으로 나타난다. 인간의 몸과 마음은 어떻게든 위험과 아픔을 육체와 정신을 통해서 나타내게 되어 있다.

■ 정신의 아픔은 어떤 기호로든 표현된다

기침은 의식이 감지하지 못한 육체의 위험을 알리는 신호이다. 기침은 기관지의 어딘가에 염증이 있음이 겉으로 나타난 형태이다. 하지만 거의 대부분의 환자는 기관지의 염증은 생각하지 못하고 기침을 귀찮다고만 생각한다. 그래서 기침이 멈출 수 있는 처방을 원할 뿐, 기관지 내의 염증에는 관심이 없다.

마음의 병도 마찬가지이다. 불편한 마음은 어떻게든 표현되고 있다. 무의식층에 가라앉은 억압된 것들은 어떤 행위나 '부정성을 띤' 생각으로 나타난다. 무의식층에 억압된 잔재들이 나타난 행위는 남이 보기에 불쾌하고, '부정적인 생각'들도 남을 교묘하게 비꼬는 말로 나타난다. 결과적으로 이러한 무의식이 다른 모습으로 나타난 것들은 남의 기분을 상하게 한다.

스스로 발견하지 못한 무의식 영역은 자신을 괴롭힐 뿐만 아니라, 남을 불편하게 하고 불쾌감을 자극하는 행위를 미묘하게 한다. 차라리 누가 보아도 심각하게 느낄 만큼의 행동으로 나타는 것이 더 나을 수도 있다. 어린이나 청소년들에게 주로 나타나는 '틱'이라 불리는 행동은 마음이 어딘가가 심하게 불편하다는 것을 외부로 표현하는 것이다. 안절부절못하도록 불편함을 그런 반복적인 행위를 함으로써 견디고 있는 것이다. 오늘날에는 정신의 문제가 몸의 문제만큼 두드러지고 있어서 틱 행동들을 무작정 잘못된 버릇이라고 윽박지르며 저지하는 어른은 없다. 견딜 수 없는 마음의 불안함을 떨치기 위해서 눈을 깜박이고, 손가락을 까닥거리고, 고개를 흔들어대는 틱 장애를 가진 아이들에게는 애정으로 지켜보는 것이 약이다. 물론 '애정으로 지켜본다'는 것에는 사소하고 다양한 처방의 말이 포함되어 있을 것이다.

자신의 소리를 들을 수 있고, 대화할 수 있는 습관을 길러야 한다. "내 몸은 내가 안다"라는 말이 있다. 이 말이 어떤 효과를 주었든지, 자신을 안다라는 의미만은 신중하게 생각해볼 만하다. "내 몸은 내가 안다"라는 말 속에는 누구도 침범하지 못할 공간이 자기 안에 있다는 것을 스스로 인지하고 있다는 의미가 들어 있다. 그래서 어느 전문가가 권해주는 것보다 자신에게 맞는 음식을 알고 있고, 몸에 맞는 옷을 알고 있다는 것이다. 또한 어느 상황에서든 '자신이 살 길'은 알고 있다는 것이다. 이러한 자신에 대한 의지는 긴 시간 자신과 대화해보지 않은 사람은 얻어낼 수 없는 결과이다. 이러한 소신을 가진 사람이 타인과의 마찰로 오는 좌절로 우울증에 시달리는 것을 상상해볼 수 있을까.

요즘은 자신을 타인에게 내맡기는 곳이 너무도 많다. 몸이 아프면 병원에 가고, 배가 고프면 식당에 된다. 외로우면 텔레비전을 보고, 스마트폰을 만지작거린다. 정작 자신과 대화하는 시간은 없다.

■ 괴팍한 성격─아픔의 기호

기침이 기관지의 염증을 밖으로 알리는 신호이듯, 성격에도 정신의 상태를 알리는 기제들이 사용된다. 이렇게 방어기제로 나타나는 것을 개인의 성격이라 말하지만, 사실은 '정신적 아픔'이 표현되는 형태라고 볼 수 있다. 하지만 위장되어 나타나는 방어기제는 남이 알아채지 못할 뿐만 아니라 자기 자신도 모르는 것이 대부분이다.

정신분석에서는 이것을 '전치(displacement)'라고 한다. 쉽게 말해서 어떤 한 대상에게 향했던 감정이 곧바로 대치할 만한 다른 대상으로 향하는 것을 말한다. 그 예는 일상생활에서 쉽게 찾아볼 수 있다. 예를 들어 한 남자가 회사에서 아내와 같은 고향 출신인 상사에게 야단을 맞았다. 퇴근하고 집에 가서 아내가 잘 차려준 밥상을 받았다. 그런데 그 밥상 위에는 수저가 빠져 있었다. 그는 곧바로 아내에게 소리를 지르면서 화를 낸다. 이러한 화내기 방식을 '전치'라고 할 수 있는데, 이런 경우가 잦아져서 가정불화를 일으키는 정도가 심해지면 비정상이라고 볼 수 있다.

또 전치의 한 형태로 '퇴행(regression)'하는 사람도 있다. 보다 미성숙한 정신 기능의 단계로 되돌아가는 것을 말한다. 퇴행은 정신 조직이 붕괴될 때 일어나는 방어기제 중의 하나이다. 아동기에 스트레스로 인하여 퇴행이 일어나면 방광 조절 능력의 상실이나 언어 능력의 상실로 나타나기도 한다. 환자는 미해결된 자신의 갈등들을 재작업하기 위해서 정신구조가 미성숙했던 단계로 되돌아가는 것이다. 퇴행은 불안, 죄책감, 우울증, 수치심, 좌절, 마약중독과 무기력 등에 의해서 촉발될 수 있다.

다음으로 '동일시'가 있다. 동일시는 부모나 주변의 중요한 사람들의 태도나 행동을 닮아가는 것을 말한다. 그런데 반대로 자기가 증오하는 사람의 태도를 자기도 모르게 닮아가는 것이 병이고 문제가 된다. 자기가 절대 닮지 않겠다고 증오하는 사람을 닮아가는 것을 '적대적 동일시'라고 한다. 우리 사회의 여러 문제로 나타는 것이 '적대적 동일시'이다. 절대로 닮지 않아야겠다는 대상은 폭력, 폭언, 감금 등을 일삼는 비인간적인 사람이다. 이러한 행위를 당했던 사람이 그것을 눌러참고 있다가 적당한 대상과 상황을 만나서 동일한 형태로 풀어낼 때의 심각성이 가정폭력, 집단폭력 등의 문제로 드러난다.

사람들은 이러한 '전치'에 해당하는 방어기제들을 자신도 모르게 사용하며 살아간다. 인간은 누구나가 의식적으로 가중되는 스트레스를 견딜 수 없을 때, 일시적으로 전치에 해당하는 행위를 하기도 한다. 하지만 반복적으로 집요하게 무의식적으로 폭발하는 '전치'가 문제이다. 이 행위는 자신을 방어하기는 커녕 자신을 고립시키는 결과를 낳고 만다. 부모에게 폭행을 당하며 성장한 어린이가 힘을 가지게 되면, 죄책감 없이 남을 폭행하는 것이다.

이렇게 나타난 행위를 '증후'라고 한다. 그럼에도 불구하고 '증후'는 자아의 억압적인 힘으로부터 완전히 도피할 수는 없기 때문에 변양으로 존재한다. 그래서 '증후'는 억압된 성적인 본능과 억압하는 자아 본능 사이에서 타협하는 성질을 띤다. 모든 종류의 공포증, 금지, 성격 결함, 성적 도착, 성생활의 어려움 등으로 나타난다. 이러한 증후는 신경증이라고 불리는 히스테리와 강박신경증이다.

괴팍하고 사나운 언어 사용도 일종의 전치의 범주로 보아야 한다. 요즘 어린이는 글을 배우자마자 공부를 하며, 그로 인해서 비교당하며 살아간다. 스스로를 남과 비교하면서 좌절과 분노를 키우기도 하고, 부모에게 온갖 힐난을 당하면서 자란 아이들이 대부분이다. 공부에 모든 가치가 집중된 우리 사회의 아이들은 매몰되어 있다고 볼 수 있다. 선택권이 없이 정해진 하나의 가치를 찾기 위해서 매몰된 가정과 사회환경에서 자란 아이들은 거기에서 빠져나오기 위해서 필사의 몸부림을 치고 있는 것이다. 그 몸부림들이 우리 사회의 크고 작은 문제로 나타나고 있다. 폭력, 따돌림, 난폭한 언어 등의 표현은 '전치'의 한 형태라고 해도 과언이 아니다.

5. '말'로 표현하는 것이 치유의 시작

문학치유를 하기 위한 가장 중요한 수단은 '말'이다. 치유에는 상담자와 내담자가 말을 통해서 이루어지는 소통이 가장 중요하다. 치료를 필요로 하는 대부분의 심리적 병은 말을 통해서 자신의 심리적인 상태를 드러내지 못하는 것에서 비롯되었다는 것을 명심해야 한다. 프로이트도 정신분석을 통한 치료에서 가장 중요한 것은 환자에게 얼마나 많은 말을 할 수 있는 환경을 만들어주느냐 하는 것이라고 하였다.

정치철학자 오크쇼트는 대화는 개인과 집단 속에서 가장 중요한 소통 수단이라고 하였다. 그는 인간과 동물의 구별, 문명인과 야만인의 구별은 대화를 통한 소통 가능 여부에 달려 있다고 보았다. 원숭이의 후예인 인간이 현재의 모습, 즉 꼬리가 사라지게 된 것은 인간이 대화를 하느라 오랫동안 그리고 밤늦게까지 꼬리를 깔고 앉아 있었기 때문이라는 것이다. 웃자고 한 말이겠지만 시사하는 바는 매우 크다. 인간은 본래부터 앉아서 대화를 통해서 문제를 해결해왔다는 의미를 담고 있기 때문이다. 이 말에 따르면 인간의 꼬리는 퇴화해서 없어진 것이 아니기 때문에 여차하면 다시 돋아날 수 있다고 보아야 한다. 앉아서 대화를 하지 않고 다른 방법으로 문제를 해결하려 할 경우 꼬리가 다시 돋아날지도 모른다는 상상은 '대화'의 중요성을 말하기도 하지만, '말'의 힘을 의미하기도 한다. 인간은 '말'을 통해서 소통이 가능할 때 가장 인간다운 모습으로 건강한 삶을 영위할 수 있다. 문학치유의 시작과 끝은 말에 달려 있다. 여기에서 말은 고백, 대화, 상담, 토론이어도 상관없다.

말은 카타르시스에 가장 큰 효과를 준다. 예를 들어서 가톨릭교의 참회는 말을 통해서 이루어진다. 신자는 자신을 억압하는 죄를 고백함으로써 고통을 덜어내고자 한다. 누구에게도 이야기할 수 없는 것을 사제에게 고백함으로써 마음의 평화를 얻고자 하는 것이다.

문학치유는 위와 같은 말의 원리에 적용할 수 있는 가장 적합한 방법이다. 다양한 이야기의 갈등 관계는 내담자의 무의식층에 억압된 분노, 좌절, 불안의 형상들을 현실화시킬 실마리를 제공할 수 있기 때문이다.

바흐친은 히스테리 및 그 밖의 다른 심인성 신경증에는 환자의 의식에까지 이르지 못하는 심리적 콤플렉스가 존재한다고 말한다. 환자의 의식이 스스로 이런저런 이유로 그것을 기억해내려는 것 자체를 두려워하고 부끄럽게 여겨서 고의로 잊어버린 정신적 쇼크를 심리적 콤플렉스라고 말한다.

아버지가 술을 먹으면 어머니를 벗긴 채로 가두고 폭행하는 가정의 아이가 있다. 이 아이는 이 사실을 누구에게도 말하지 못한다. 또한 이런 경험은 자기 자신도 잊어버리고 싶을 만한 것이다. 그래서 이러한 체험은 이 아이의 심리 속에서 완전히 고립된 상태로 존재할 수밖에 없다. 아이는 이 경험을 그 밖의 다른 일상의 체험이나 생각에 연결하고 싶지 않을 것이다. 이런 경험은 심리적 콤플렉스로 자리하게 된다. 이 가혹한 심리적 부담감은 콤플렉스가 되어 무의식으로 감금되고 공포, 부끄러움, 분노로 위장되어 나타난다. 이 표현될 수 없는 체험은 무의식으로 추방되었지만 결국 비정상적인 출구를 찾기 마련이다.

이러한 경험을 한 아이가 이것을 이야기하듯 풀어낼 수 있었더라면 상황은 크게 달라질 것이다. 정신적 쇼크를 경험한 사람들은 대부분 이것을 정상적으로 표현하지 못한다. 다만 자신의 충격을 하나의 이야기 속 인물에 기대어 다른 말로 위장되거나 기호화되지 않는 말로 발설하게 함으로써 무의식의 억압을 해방시킬 수 있다.

내담자의 입을 열어서 말을 할 수 있게 하는 것은 간단하지만 만만치 않다. 먼저 내담자의 상황과 수준에 맞는 문학작품을 선택해야 하고, 이것을 내담자에게 제공하는 방법이 적합해야 할 것이기 때문이다.

5장 문학치유의 대상과 원리

1. 정신과 문학치유

　의사가 수술을 할 때에 "인간을 비롯한 모든 생물체는 스스로 치유하려는 의지가 있다"는 믿음을 가지고 환자의 몸에 칼을 댄다는 말을 들은 적이 있다. 인간의 육체와 정신의 치유는 어떤 상황에서든 스스로 극복하려는 의지를 가질 때 가능하다. 현대인은 극도로 발전한 환경에서 살아가지만 수많은 육체적 질병과 정신적인 병을 앓고 있다. 특히 나이를 초월하여 만연되어 있는 정신질병은 정신문명의 고갈을 절실하게 느끼게 한다.

　노인들의 잇단 자살과 청소년들의 자살 증가율이 문제의 심각성을 잘 보여주고 있다. 집단 따돌림과 폭력 등도 비단 청소년들의 문제만이 아니다.

　치열하게 경쟁하고 치밀하게 다투는, 그야말로 시기 질투의 난

투극을 벌이며 살아가는 우리 사회는 정상이 아니다. 이런 비정상적인 사회에서 가정을 이루어야 하고, 그 가정의 부부가 자식을 낳아서 이 사회의 일원으로 등극시켜야 한다. 정상과 비정상을 아슬아슬 넘나들며 영·유아기를 보낸 청소년들이 불편한 정신생활을 해야 함은 어쩔 수 없는 현실이다. 그래서 이러한 현실에서 치유책을 강구해야 하는 것도 급한 일이다.

우리의 일상에는 늘 치유하는 책 읽기와 말하기가 필요하다. 이러한 책 읽기와 지도를 말하기에 앞서서 정신의 문제를 먼저 살펴보고자 한다. 책을 매개체로 다양한 사람들을 만나오면서 내가 터득한 것은 가벼운 정신질환은 특별한 분석 과정을 거치지 않고도 치유가 가능하다는 것이다. 이는 옛날부터 있어왔던 이야기의 치유 기능 덕분이다.

여기에서 주목해야 할 것은 내가 만나온 지극히 정상적인 사람, 약간 불편한 사람, 많이 불편한 사람들이었다. 그들과의 만남은 지극히 평범한 것이었다.

나는 10년 넘게 아이들과 책을 읽으며 독서지도를 해오면서, 어린아이들 속에도 각각의 다른 정신세계가 구축되어 있음을 알았다. 보편적으로 어린이들은 아직 성격 형성이 될 된 상태라고 생각한다. 하지만 때로 어른보다도 더 뚜렷하게 드러나는 성격들을 볼 때면 프로이트의 리비도 이론은 주목할 만하다. 초등학교 3학년 정도까지의 아이들은 가식 없이 자신의 성격을 드러낸다. 이 시기의 어린이들과 책을 읽으며 대화를 하다 보면, 며칠 만에 성향을 파악할 수 있다. 나이가 어릴수록 표현이 개인적이다. 나이가 들어갈수록 사회성을 띠게 됨으로써, 성격을 드러내는 표현도 옅어진다. 이것은 성격이 바뀌어가기 때문은 아니다. 성격은 그대로이지만 사회적 가면을 쓰게 된다는 것이다. 또한 자신의 본모습을 감춘다는 것이다. 이 단순한 변화 과정을 각도를 달리하여 보았을 경우, 매우 무서운 비밀을 양산해내게 된다는 것을 추리해볼 수 있다.

프로이트는 이미 인간의 정신세계를 구축함에 있어서 영·유아기의 중요함을 말했다. 그는 리비도 이론을 내세우며, 이 정신의 움직임이 각종 정신질병의 근원임을 설명했다. 그래서 우리는 초등학교 저학년들도 정신세계가 제각각이라는 것을 이해할 수 있다.

유아기 때의 결핍은 전 인생을 살아갈 성격이나 정신세계를 지배할 수 있다. 다만 교육과 사회 질서 체제에 의해서 통제되기 때문에 형성된 성질들을 숨기고 살아갈 뿐이다. 그렇다면 인간의 성격은 꾸준히 만들어져가는 것이 아니라 영·유아기의 시점에 만들어진다는 것을 부인할 수 없다. 물론 인간은 살아가는 동안 환경에 따라서 수없이 변할 수 있다. 하지만 그것은 외부로 드러난 표현일 뿐이고 일찍이 형성된 내면은 남아 있다. 그래서 개인적이고 은밀한 상황, 긴박한 상황에서 본능적인 감정과 행동으로 나타나게 된다.

그래서 어린 자녀가 불안정한 정서로 평범하지 못한 행동을 하는 것을 두고 부모들은 '크면 괜찮아지겠지'라고 생각하지만 이는 위험한 생각이다. 또한 이러한 어린이와 청소년들이 '차차 교육으로 괜찮아지겠지'라고 생각하는 사회의 시각도 안일한 것임을 자각해야 한다.

■ 무감각이란 탈출구를 택한 요즘 아이들

요즘 어린이와 청소년은 경쟁적이고 전투적인 가정과 사회에서 자라며 불안감에 덜덜 떨다가 무신경해진 상태이다. 마리아 산체스는 폭력적인 분위기의 가정에서 자란 아이는 어떤 상황에 직면했을 때, 이성적·분석적 정리를 하지 못하는 성격의 소유자로 자란다고 말한다. 요즘 아이들은 경쟁을 강요하고 억누르는 가정과 사회에서 자란다. 이런 위협으로 인해 몸에서는 긴장을 표현하는 자율신경계 수위가 높아진다. 그래서 지속적인 불안 환경에서 자라는 아이는 자신을 스스로 무감각하게 만든다. 그래야 이 불안을 견딜 수 있기 때문이다. 자신의 내면과 외부의 상황에 귀 기울이는 대신 무관심해지는 방법을 택하는 것이다.

그 무관심의 증상들이 곧 가벼운 틱 장애, 폭식, ADHD증후군 등으로 나타난다. 더 나아가 폭력, 따돌림, 약물중독 등이 수반되고 자살로까지 이어진다. 주로 어린아이들에게 틱 장애, 폭식, ADHD증후군 등이 나타난다. 이 증상들은 모두 반복적인 행동을 한다는 공통성이 있다. 폭식 역시 먹는 행위의 반복이라고 볼 때 같은 맥락이다.

나는 아이들과 함께 책을 읽으면서 틱 장애, ADHD증후군 등의 정신질환이 있는 아이들을 만났다. 이 아이들이 처음에 공통적으로 하는 행동은 부산하게 움직인다는 것이다. 그러다가 좋아할 만한 책을 한 권 만나면 그 책만 본다. 그 책을 반복적으로 보면서 그 외의 소리나 분위기에는 관심을 갖지 않는다. 이때에 문학치료사가 어떻게 관심을 가져주느냐에 따라서 이 아이의 상태는 결정된다.

이에 대해서 나중에 구체적으로 다루겠지만, 이때 방치하면 책을 핑계로 자신만의 세계로 빠지게 될 것이고, 책 속의 인물과 사건 등을 통해서 대화에 성공하면 사회적인 인물로 끌어낼 수 있을 것이다.

책 읽기는 과거로 되돌아가야 한다. 할머니가 들려주는 옛날이야기의 시대로 돌아가야 내면의 소리를 들을 수 있는 통로를 열 수 있다. 아동과 청소년은 거의가 '불안' 요소를 안고 있어서 섬세하고 차별적인 독서(치유)지도가 긴급하게 요구된다.

1965년 마틴 셀리그만은 개를 상대로 조건반사를 알아보는 심리학 실험을 했다. '학습된 무기력'을 최초로 발견한 실험이었다. 그는 도망갈 수 없게 장치에다 묶어둔 개들에게 전기 충격을 주었다. 개들은 곧 어떻게 해도 불편함을 피할 길이 없음을 발견했다. 이렇게 몇 번 한 다음, 개들을 다른 통으로 데리고 간다. 통의 한쪽은 전기 충격이 주어지는 공간이고 다른 쪽은 전기 충격이 전혀 없는 공간이다. 두 공간 사이에는 개들이 충분히 뛰어넘을 수 있는 높이의 칸막이가 설치되어 있다. 전기 충격이 주어지는 공간에 들어간 개들은 바로 옆에 자유로운 공간이 있는데도 도망치지 않고 낮게 엎드려 신음 소리를 내며 포기하고 절망한다.

이러한 무기력을 '예방'하는 데 독서가 미치는 영향과 역할은 흥미롭다. 문학은 남녀노소 모든 계층의 독자에게 행동, 문제 해결, 생존, 용기 등의 다양한 모델을 제시한다. 조셉 골드는 『비블리오 테라피』에서 사람이 스토리의 도움을 받지 못하면 '자신이 겪은 경험'의 한계, 자신의 스토리, 자신의 사고방식을 뛰어넘지 못한다고 말한다. 또한 자신의 정서적 고통을 공개적으로 토론하지 못하는 어린아이들에게 남들이 당한 모욕을 적어놓은 글을 읽게 하면 끔찍한 경험을 정상화시키는 힘을 얻게 된다고 말한다.

상처를 가진 개인은 자신과 비슷한 상황을 접하면 폭로하고자 하는 의식과 잊으려고 하는 무의식의 충돌에 휩싸인다. 이 단계에서 내담자의 입이 열리면 그는 치유의 길로 접어든 것이다.

2. 자기를 알게 하는 문학치유

1) '자기(The Self)'의 개념

문학치유의 출발은 '자기'이다. 바른 '자기' 인식에서 비롯된 '자기' 이해는 자신은 물론이고 정상적인 상대방 이해로 나아가기 때문이다. '셀프 서비스(Self Servic)', 요즘 식당이나 커피점 등에서 자주 보이는 말이다. 말 그대로 스스로 자기 자신을 위해서 편의를 제공한다는 의미이다. 이 얼마나 의미심장한 말인가? 우리는 남을 위해서 뭔가를 해주는 것에 익숙해져서 자신을 대우하는 것을 배우지 못했다. 혹자는 이 말에 대해서 오해를 할 수도 있을 것이다. 요즘 아이들의 이기적인 행동은 남을 위한 거냐고 말이다.

하지만 이기적으로 보이는 아이일수록 '자기 자신'의 정체성이 희박하다. 한마디로 '자기 자신'을 모른다. 이기적인 아이들일수록 자신의 감정을 모르는 아이들이 더 많은 것이 현실이다. 자신의 방에 틀어박혀 게임에 빠진 아이, 남을 의식하지 않고 항상 이어폰을 꽂고 혼자 있는 아이. 이 아이들의 행동을 과연 자신을 위한 셀프서비스라고 할 수 있을까? 이런 유형의 아이들일수록 자신의 감정을 모른다. 자신의 몸에 필요한 음식이 무엇인지, 자신에게 필요한 사람이 누구인지, 자신의 상황과 분위기에 어울리는 옷이 무엇인지를 모른다. 이들은 자신의 내면에서 울리는 소리를 듣는 귀의 감각을 기르지 못했다.

혼자 있는 아이, 말없는 아이일수록 먼저 '자신'을 찾아주어야 한다. 그 아이는 자신이 누구인지도 모를 수도 있기 때문이다. 그중 하나를 보자. 몇 년 전, 중학생이 할머니를 끔찍하게 살해한 사건이 있었다. 범행을 저지른 아이와 초등학교 때부터 같은 학교를 다닌 몇 명의 아이들로부터 놀라운 말을 들었다. 그 아이에 대한 이 구동성의 평가는 "말이 없는 아이, 존재감이 없는 아이"였다.

존재가 없는 사람은 없다. 단지 자신에 대해 표현하는 방식을 배우지 못했거나, 표현하는 것 자체를 단념하고 살아갈 뿐이다. 이들의 마음속에는 어떤 형태로든 분노가 존재한다. 이 분노는 자신

'스스로' 표현하면서 풀어가야 할 응집 덩어리인 것이다. 이 응집 덩어리는 따뜻한 햇살에 사르르 녹을 수 있는 눈덩어리이다.

식당에서 주는 물보다도 못한 취급을 받고 있는 자기 자신을 알게 하고, 자기 자신에게 서비스하는 방법을 알게 해야 한다.

'자기'는 인격의 핵심 부분을 가리키는 심리학적 개념이다. '자기'는 다양한 구성 요소로 이루어져 있으며, 이것은 유전적 요소와 환경적 영향 사이의 상호작용을 통해서 하나의 응집력을 지닌 형태를 갖는 것으로 간주된다.

정신분석에서는 한 사람 속에 많은 '자기'가 존재하고 있다고 본다. '자기'는 신생아 때부터 형성되기 시작하는 정신적인 부분으로, 부모를 비롯한 양육하는 사람에게 존재하는 것까지 포함한다고 볼 수 있다. 다음의 '자기'들은 정신분석학 사전에서 발췌한 것이다.

가상적 자기(virtual self) : 신생아의 자기 이미지를 가리키는 것으로, 부모의 마음속에 존재하는 것으로 간주된다. 특정 부모가 아직 형성되지 않은 신생아의 잠재적 '자기'를 어떻게 볼 것인지가 여기에 해당한다.

핵 자기(nuclear self) : 생애 둘째 해 동안에 최초로 응집력 있는 구조로 나타나는 초기 조직을 말한다.

응집력 있는 자기(cohesive self) : 건강하고 정상적으로 기능하는 비교적 일관성 있는 구조를 지닌 자기를 가리킨다.

과대적 자기(grandiose self) : 자신이 모든 존재의 중심이며 전능한 존재라는 생각에 의해서 지배되는 유아의 정상적인 자기를 가리킨다. 이 단계의 '자기'는 다양한 병리적 상태들이 존재한다고 정신분석에서 말하고 있듯이, 부모(보호자)가 자식과 정서를 나눌 때에 각별한 관심이 필요하다.

원시적 자기(archaic self) : 성인에게 존재하는 핵 자기의 구성물로서, 이것은 아동기 당시에는 정상적이었지만 성인기에는 병리적인 것으로 취급된다.

파편화된 자기(fragmenting self) : 감소된 응집력에 의해서 특징지어지는 만성적 또는 반복적인 자기의 상태를 말한다. 파편화는 잘못된 자기 대상 반응이나 퇴행을 촉진시키는 다른 조건에 의한 결과이다.

텅 빈 자기(empty self) : 활기를 상실하고 고갈 상태에 빠지는 우울증의 일반적 경험을 말한다. 이것은 존재와 자기 주장에 대해 자기 대상이 기쁘게 반응해주지 못한 실패에서 기인한다.

과도한 짐을 진 자기(overburdened self) : 자체를 달래주는 역량이 결핍된 자기로서, 그러한 역량의 결핍은 안정적이고 전능한 자기 대상과의 융합 상태를 경험할 수 있는 기회를 갖지 못한 결과로 추정하고 있다.

과도하게 자극된 자기(overstimulated self) : 공감적이지 못한 과도하거나 부적절한 초기 자기 대상 반응의 결과로서, 과도한 감정이나 흥분을 반복해서 경험하기 쉬운 경향성을 지닌 자기를 가리킨다.

균형 잃은 자기(imbalanced self) : 자기의 세 영역 중 다른 두 영역을 배제한 채 하나의 영역을 과도하게 강조함으로써 응집력이 약화된 자기를 가리킨다. 자기의 가치 축이 허약하다면, 그 자기는 병리적으로 과도한 포부에 시달리게 된다. 대조적으로 지나치게 강한 가치 축을 갖고 있는 자기는 죄책감에 시달리고 과도하게 억제적인 인물이 된다. 또 다른 형태의 불균형은 두 개의 축들이 비교적 약한 반면에 그것들 사이에 존재하는 긴장의 호(tension arc)가 지나치게 강조될 때 발생한다. 이러한 자기는 이상과 개인적 목표라는 두 가지 요소를 적절히 조절하지 못한 채, 환경의 압력에 취약하게 만든다.

2) '자기'를 인식하라

자기를 인식하는 것은 '비극'적 정서를 통할 때 가장 효과적이다. 다음의 시는 '나'라는 존재를 잘 그려낸 백석의 시이다.

> 나는 이 마을에 태어나기가 잘못이다
> 마을은 맨천 귀신이 돼서
> 나는 무서워 오력을 펼 수 없다
> 자 방 안에는 성주님
> 나는 성주님이 무서워 토방으로 나오면 토방에서는 디운귀신
> 나는 무서워 부엌으로 들어가면 부엌에는 부뚜막에 조앙님
> 나는 뛰쳐나와 얼른 고방으로 숨어버리면 고방에는 또 시렁에

데석님

    나는 이번에는 굴통 모통이로 달아가는데 굴통에는 굴대장군

    얼혼이 나서 뒤울안으로 가면 뒤울안에는 곱새녕이 아래 털능귀신

    나는 이제는 할 수 없이 대문을 열고 나가려는데 대문간에는 근력 세인 수문장

    나는 겨우 대문을 삐쳐나 바깥으로 나와서

    밭 마당귀 연자간 앞을 지나가는데 연자간에는 또 연자망귀신

    나는 고만 디겁을 하여 큰 행길로 나서서 마음 놓고 화리서리 걸어가다 보니

    아아 말 마라 내 발뒤축에는 오나가나 묻어 다니는 달걀귀신

    마을은 온데간데 귀신이 돼서 나는 아무 데도 갈 수 없다

                  – 백석, 「마을은 맨천 귀신이 돼서」 전문*

    이 시에는 '나는'이라는 스스로를 인식하게 하는 시어가 열 번이나 나온다. 이 시를 내담자에게 낭송하게 하면, 그들의 표정은 어떻게 변할 것 같은가?

    내담자들은 묘하게도 '나는'이라는 대목이 반복적으로 나올 때마다 표정이 모두 웃는 표정으로 바뀐다. 왜냐하면 그들은 평소에 '나는'이라는 말을 자주 사용해보지 않았기 때문에 이 말을 사용하는 것을 어색해한다. 또한 암묵적으로 금기시해온 '나'라는 표현을

---

* 이 시는 초등학교 고학년 이상이 이해할 수 있을 것이다. 경우에 따라서 시어나 시 구절을 대상에 맞게 변형하여 사용할 것을 권한다.

반복함으로써 야릇한 재미를 느낀다. 이렇게 '자기' 인식을 시킴으로써 다음 과정을 진행할 수 있다.

우리나라에는 '나'라는 말을 거의 사용하지 않는 문화적 특성이 있다. '나'를 '우리'라는 틀 속에 함께 싸잡아서 사용하는 경향이 있다. 이 문화적 특성이 건강한 사람에게는 두루 통하고 더욱 유대감을 돈독히 한다는 면에서 긍정적인 영향을 끼치겠지만, '자아'가 불완전한 사람에게는 문제가 될 수도 있다. '나'에 대해서 간접적으로 생각해볼 겨를이 없기 때문이다.

'말'은 형식적인 면이 강해 보이지만, 그 음이 미치는 영향도 상상 이상의 효과가 있다.

3) 자신의 감정을 표현하라

자신의 감정을 표현할 수 있는 통로를 만들어주는 것은 치유에서 매우 중요하다. 정신질환이 있는 사람들은 말이 없는 경우가 많다. 또는 겉으로는 말을 잘하는 듯해도 자신의 감정에 솔직하지 못한 편이다.

백석의 시 「마을은 맨천 귀신이 돼서」에서 감정 표현에 해당하는 구절은 자아감이 없는 사람들이 가지는 대표적인 생각들이다.

"태어난 것이 잘못이다."

"오력을 펼 수 없다."

"아무 데도 갈 수 없다."

　이 감정을 표현하는 것만으로도 내담자에게 카타르시스를 느끼게 할 수 있다. 감정을 쌓아두는 것은 육체의 변비와 같다고 볼 수 있다. 변을 보지 않고 1주일 이상 지속될 경우 우리 몸은 어떠한가? 심한 방귀가 나올 것이고 헛배가 부르는 불쾌감이 지속될 것이다. 또한 배변을 위해서 화장실에 가는 것이 즐겁지 않고 배변을 시원하게 하지 못할 것이라는 불안과 부담감을 동시에 가질 것이다. 장기간의 변비를 물리적인 방법으로라도 해결하지 않을 경우, 치명적인 병으로 발전한다.

"(나는 가난한/너무 엄격한 집안에)태어난 것이 잘못이다."

"(나는/사람들의 눈길이 두려워서)오력을 펼 수 없다."

"(나는 모두가 나를 싫어해서/모두가 나를 미워해서)아무 데도 갈 수 없다."

　시를 이용해서, 위와 비슷한 내용의 고백을 할 수 있도록 유도한다. 변비가 지속되면 채소와 과일을 많이 먹어야 하고, 이 자연스러운 방법으로 안 되면 관장을 해서라도 묵은 변을 비워내야 한다는 것을 알고 있다. 감정도 마찬가지이다. 묵은 감정을 비워내야 안절부절못하는 마음이 사라지고 새로운 감정을 채워넣을 수 있다. 백석의 시와 같은 '부정'적인 감정이 직접적으로 드러나는 시나 소설의 대목들을 찾아내는 것은 매우 중요하다.

4) 감정의 실체를 찾아내라

똑같은 상황에서도 화를 많이 내는 사람이 있고, 대수롭잖게 받아들이는 사람이 있다. 이때 화를 내는 사람은 그 상황이 벌어지기 전에 이미 화가 나 있었다고 볼 수 있다. 반면 대수롭잖게 받아들이는 사람은 그 상황이 있기 전부터 편안한 마음 상태였을 것이다. 뿐만 아니라 겉으로 표현하지 않지만 어떤 상황에 처할 때마다 속으로 '자신 때문이다'라고 죄의식을 느끼는 사람도 있고, 괴로움을 느끼는 사람도 있다.

이를 통해 자기 자신도 알 수 없는(혹은 경미하게 느끼고 있을 수도 있는) 감정이 늘 내재하고 있다가 어떤 부정적인 상황을 통해서 폭발한다는 것을 알 수 있다. 이 내재된 감정의 무의식적 실체를 찾아내주는 이야기를 소개하겠다.

이미 고전이 된 김용익의 소설 『꽃신』에서는 백정의 자식인 '나'가 꽃신을 가풍으로 삼고 있는 집안 딸과의 혼사를 방해받는다. 꽃신을 만드는 것을 대단한 가문의 영광으로 삼는 장인이 내뱉은 "내 딸을 백정네 집 자식에겐 안 주어!"라는 말은 주인공의 살기를 일으킨다. 게다가 꽃신장이가 백정인 '나'에게 친절하게 대했던 것은 '쇠고기 덤이나 좀 얻을까 해서'라는 말까지 하게 된다. 이 말을 들은 '나'는 고기를 자르고, 가르고, 찍는 칼을 들고 대문간에서 분노에 떨고 있다. 이를 본 어머니는 우리 같은 백정은 손톱으로도 남을 해칠 수 없다고 단호하게 말하며 칼을 빼앗는다. 칼을 어머니에게 빼긴 '나'는 땅을 치며 울었다. 그 후 '나'가 느끼는 감정은 부끄러움과 분노이다. 그는 처녀가 아이를 밴 것처럼 부끄러워하며 밖에 나가지 않으며 해가 저물었을 때에야 활동을 하게 된다.

이 이야기는 백정이라는 신분 때문에 꽃신장이의 딸과 결혼할 수 없게 된다는 말을 엿듣고 아픔을 겪게 되는 것으로 전개된다. 우리의 삶에도 이 이야기처럼 간접적으로 어떤 사실을 알게 되어 직접적으로 부딪치는 것보다 더 큰 상처를 입는 경우가 있다. 전쟁이나 재해 등의 공공연한 사실로 인해서 트라우마가 생기게 된 사람들도 있지만, 개인적인 일로 상처를 받은 것은 의외로 직접적으로 자신이 개입된 일보다 간접적으로 겪은 일들로 인한 경우가 많다. 『꽃신』에서 '나'가 엿들은 말로부터 상처를 받듯이 우리 삶도 마찬가지이다. 왜냐하면 직접적으로 어떤 사건에 개입된다면, 그것을 드러내놓고 말이나 행동으로 표현할 수 있늘 기회가 있고, 위로를 받았을 수도 있기 때문이다. 하지만 알면서도 모르는 척 잊어야 하는 상황이 병을 일으킨다.

여기에서 '주인공 어머니'의 말, "너는 손톱을 갖고도 남을 해치지 못해. 다른 사람들이 우리 백정을 어떻게 생각하겠니?"는 내담자들의 감정 억압의 핵심에 해당한다. 말은 모든 인간의 실체를 억압한다. 다음과 같은 지도를 통해서 내담자들의 내재된 감정을 살펴볼 수 있다.

"이러한 말을 들어본 적이 있나요?"라고 물으며, 사례를 말해보게 한다. 만약 아무도 발표를 하지 않으면 다음과 같은 예를 들어준다. 상담사가 예를 들어줄 때는 내담자에게 해당하는 것을 자연스럽게 암시한다.

- 너는 엄마가 선생이기 때문에 그런 말을 해서는 안 된다.
- 너는 엄마가 구멍가게를 하기 때문에 10원짜리도 무시하면 안 된다.
- 너는 아빠가 새아빠여서 항상 아빠랑 사이좋은 척해야 한다.
- 너는 할머니랑 살기 때문에 항상 표정이 밝아야 한다.

이러한 예시와 함께 나의 어린 시절을 말하곤 했다. "나는 아버지가 여섯 살에 돌아가셨기 때문에, 애비 없는 호로자식이라는 말을 듣지 말아야 한다는 소리를 귀에 못이 박이도록 들으며 자랐습니다. 이 생각은 강박관념이 되어서 매사 어떤 행동을 하더라도 눈치를 보는 성격이 되고 말았습니다."

상담사(치료사)의 솔직한 고백은 내담자들도 솔직하게 말할 수 있는 분위기를 만든다. 치료사의 고백은 '공감'의 기능을 하여 내담자들로 하여금 자신의 억압된 생각도 말해도 된다는 인식을 하게 하는 것이다. 정신적인 강박관념이 있는 내담자에게 말을 할 수 있도록 물꼬를 터주는 것은 치료의 핵심에 해당한다. 이 원리는 아마도 가뭄으로 쩍쩍 갈라진 논에 물꼬를 터줌으로써 말라죽어가는 벼에게 생명을 불어넣어주는 것과도 같을 것이다. 프로이트는 정신분석의 성패는 머리에 떠오르는 모든 것에 주의를 기울이고 남김없이 이야기하는 것에 달려 있다고 보았다. 그래서 내담자가 중요하지 않거나 주제와 관계없거나 터무니없다고 여겨 떠오르는 생각을 억누르는 일이 있게 해서는 안 된다.

문학치유에서 자신의 감정의 실체를 알게 하는 것은 매우 중요하다. 왜냐하면 이 감정은 내담자가 삶을 살아가는 전반적인 감정의 기초를 형성하고 있기 때문이다. 결과적으로 삶을 행복하게 느끼는 것은 자신의 몫이기 때문이다.

"『꽃신』의 남자 주인공은 그 후 어떻게 되었을까요?"라고 묻는다. 여러 가지 대답을 들으면서, 치료사는 남자 주인공이 평생을 백정 신분으로 인한 트라우마에서 벗어나지 못한다는 쪽의 '뒷이야기'를 상상하도록 유도한다. 왜냐하면 인간은 비극적인 정조를 통해서 카타르시스를 느끼기에 더 적합하기 때문이다.

"『꽃신』의 주인공은 백정 신분이라는 트라우마에서 벗어나기는 매우 어렵습니다. 그는 어떻게 살아갈까요?" 트라우마는 자신이 겪은 사실과 연관되고, 그것을 기호화하여 기억한다. 그 기호는 의미가 있지만 자신과 남도 이해를 못할 만큼 왜곡되어 나타난다.

　내담자들의 다음과 같은 대답들을 내놓았다.

- 주인공은 꽃신을 신은 여자를 무조건 싫어하게 될 것이다.
- 그는 꽃이 피는 시기에는 움직이지 않고 은둔 생활을 할 것이다.
- 결혼을 하지 못할 것이다.
- 꽃만 보아도 알레르기가 생길 것이다.

"여러분들이 특별히 싫어하거나 왠지 싫은 것은 무엇일까요?"

- 저는 젊은 여자가 싫어요.
- 저는 눈이 동그란 여자가 무조건 싫어요.
- 저는 모든 사람이 다 싫어요.

"그럼 잘 생각해봅시다. 그것을 싫어하는 이유가 무의식중에 있을 거예요."

　'젊은 여자가 싫다'는 말을 했던 내담자의 이야기이다. "저는 초등학교 1학년 때인가 양산에서 부산으로 이사를 왔어요. 근데, 어떻게 하다 보니 길을 잃었어요. 울면서 집을 찾다가 예쁜 여자의 다리를 붙잡고 집을 물었는데, 그 여자가 매몰차게 그냥 갔어요.

그 이후로 젊은 아가씨는 그냥 미워요.”

내담자들은 연이어서 불현듯 떠오른 기억들을 말할 것이다. 거의가 부정적인 감정을 말하게 될 것이다. “여러분, 우리가 기억하는 미운 대상은 실체가 아닐 가능성이 높죠. 우리의 정신세계는 신비롭습니다”라고 간단하게 정리해준다. 이런 고백 후에 어색하거나 후회스럽지 않게 손뼉을 세 번 정도 치게 한다.

5) 감정을 채우라

정신도 육체와 같다는 이해에서 바른 문학치유가 시작된다. 육체에서 묵은 찌꺼기를 배출해내는 것도 중요하지만 그것들이 빠져나간 빈곳을 다른 것으로 채우는 것도 중요하다.

동물을 통해서 전달하는 우화는 구성이 단조롭다. 동물의 특성을 통해서 부정도 긍정도 아닌 ‘사이감정’을 훈련하는 이야기는 어린이들에게 적합한 내용으로 알려져 있지만 사실은 누구나에게 적합하다. 동화『어떻게 달아나지』(보리, 2012)는 동물들의 세세한 특징을 관찰한 재미있는 이야기이다.

동물들이 단옷날 잔치에 초대받아서 가는 도중에 자신보다 힘이 센 동물들을 만났다. 토끼는 늑대를 만났지만 후다닥 뛰어서 날아나는 것으로 모면한다. 그다음 도마뱀은 살쾡이를 만나지만 자신의 꼬리를 끊고 달아난다. 연이어 고슴도치는 입안 가득 독이 등등한 뱀을 만나지만 가시털을 곤두세워서 모면한다.

우리가 생각하기에 겁이 많은 너구리는 마냥 불리할 것만 같지만 살금살금 조심스럽게 걸어감으로써 두려운 순간을 미리 방어한다. 그래서 너구리는 멀리서 쿵쾅거리며 달려오는 곰의 소리를 미리 듣고 땅에 누워서 죽은 척한다. 곰이 너구리가 죽은 줄 알고 가버리자 너구리는 천천히 일어나서 여유롭게 단옷날 잔치에 참여한다.

"이 동물들은 자신들의 천적을 어떻게 대하나요?"

- 대항하여 맞선다?
- 아부하여 비위를 맞춘다?
- 자신이 타고난 소질을 활용하여 자연스럽게 위기를 넘긴다?

'자신이 타고난 소질을 활용하여 자연스럽게 위기를 넘긴다'라는 대답을 할 수 있도록 유도한다. 그다음 자연스럽게 자신만이 타고난 장점을 말해보게 한다. 이때에 치료사는 내담자의 장점을 파악하고 있어야 하고, 내담자가 말을 못할 경우 치료사가 발견해주어야 한다.

내담자들의 특기를 말해보게 하되, 될 수 있으면 흉내내는 말로 비유하여 표현하도록 한다.

- 메롱메롱

- 눈을 뒤집어 보이는 모습

치료사가 이즈음에서 '손을 흔드는' 것을 보여주면서, "이 모습은 어떤 특기일까요?"라고 질문하며 다시 한 번 진지하게 응할 것을 권한다.

- 드르륵드르륵(커피머신 돌리는 소리)
- 허이허이(춤추는 모습)
- 룰루랄라(노래)
- 톡딱톡딱(탁구 치는 소리)

이러한 연습은 자신에 대해서 스스로 생각하는 시간을 갖고 타인의 표정과 말하는 방식을 들으면서 스스로에 대한 감정을 채운다는 의미가 있다. 상담사는 내담자들의 흉내내는 말을 듣고 우화 『어떻게 달아나지』를 예로 들면서, 그 존재 가치에 대해서 성의 있게 구체적으로 칭찬을 해주어 자존감을 높여준다.

제2부

증상에 따른 문학치유

The theory and practice of literature therapy

1장 대인불안과 문학치유

1. 대인불안이란 무엇인가

'대인불안'은 사람은 만나는 것에 심각한 불안감을 느끼는 것을 말한다. 이 불안은 충분히 극복이 가능하다는 점을 먼저 말하고 싶다. 또한 의사와 학자들은 이 불안에 어떻게 대처하고 그것을 활용하느냐에 따라서 오히려 불안을 겪지 않는 사람보다 더 성공한 삶을 살 수도 있다고 말한다.

'대인불안'은 사람을 대할 때에 필요 이상의 불안감을 느끼는 증상으로 나타난다. 권석만 등의 논문 「걱정이 많은 사람의 인지적 특성」에 의하면 이러한 불안장애를 가진 사람은 자기 가치에 대해 강한 의혹을 가지기 때문에 타인들로부터 반복적으로 자신의 가치를 확인하려고 한다. 이 과정에서 처음에는 주위의 사람들로부터 애정과 관심을 받지만, 점차 불안정한 사람으로 인식된다. 결과적으로 불안을 극복하지 못한 사람들은 사회 지지 기반을 상실하게 되고 또 사람들과의 접촉이 줄면서 스스로 패배자가 된다. 이 패배 의식은 모든 사람을 두려워하는 결과를 낳는다. 그래서 대인불안은 우울증 등의 정신질환으로 발전될 확률이 높다. 또한 대인불안은 '범불안장애(Generalized Anxiety Disorder)'와도 매우 연관이 깊다. 미국정신의학회(American Psychiatric Association)에서 펴내는 『정신질환 진단 및 통계 편람(Diagnostic and statistical manual of mental disorders)』에 의하면 범불안장애는 일상 속에서 만성적으로 여러 가지 사건이나 활동에 대해 지나친 불안과 걱정을 보이는 장애라고 정의된다. 뿐만 아니라 이 정신장애는 육체적으로 신열, 오한, 목이 조이는 느낌, 갑상선 부위의 통증을 호소하는 증상까지 동반할 수 있다고 한다.

이처럼 정신적 불안은 육체의 불편함 또는 아픔으로 나타난다. 요즘 과학적인 방법으로 확인되지 않는 육체의 질병은 대부분 정신에서 비롯되었다고 보기도 한다. 두통, 구토, 위경련 등으로 병원을 찾는 환자들도 의사로부터 '신경성'이라는 말을 자주 듣는다. 이러한 일들을 접하면 인간의 정신이 얼마나 심오한 세계인지 새삼 돌아보게 된다. 해소되지 않는 불안을 지속적으로 느끼면 육체의 통증으로 나타난다는 것도 알 수 있다. 이와 같은 대인불안을 극복하기 위해서는 그 원인을 먼저 알아볼 필요가 있다.

2. 대인불안의 원인

대인불안의 원인은 대부분 과거에 있었다. 단지 그 상처의 근원을 자신이 모르기 때문에 상처의 정도에 대해서도 모를 뿐이다. 왜 다 같은 사람 앞에서 왜 유난히 많이 부끄러워하는 이가 있으며, 똑같은 상황에서 유독 수치심을 많이 느끼는 이가 있을까? 이 객관적인 상황만으로도 사람에게는 각자에게 별도로 각인된 기억이 장착되어 있음을 알 수 있다. 이에 대한 자세한 설명은 앞(정신세계와 문학치유)에서 상세하게 하였기 때문에 생략하겠다.

누군가로부터 비난받을까 봐 사람을 만나는 것을 회피하려 하는 것. 이것이 대인불안의 핵심이다. 이 지배적인 생각은 누군가를 만나러 갈 때 입을 옷을 정하는 데서부터 필요 이상의 신경을 쓰는 것 등으로 나타난다.

나는 문학치유 프로그램을 10여 년간 운영하면서, 누구나 대인불안 증상을 약간씩 안고 살아간다는 것을 알게 되었다. 이 증상은 인간이 타인을 만나기 위해서 가지는 일종의 예의와도 같다. 하지만 병적으로 치유의 대책이 필요한 대인불안은 다음과 같다.

누군가를 만나기 위해서나 새로운 상황에 당면하기 전에 최선을 다해 준비했음에도 불구하고 견디기 어려운 불안을 지속적으로 느낀다. 만나서 무슨 말을 할 것인가에 대해서 필요 이상으로 걱정한다. 이 불필요한 걱정은 현실적인 것이 아니기 때문에, 거듭 준비를 하고도 사라지지 않는다. 마찬가지로 사람을 만나서도 계속하여 옷매무새를 신경 쓰고, 자신이 할 말을 스스로 검열한다. 명심해두어야 할 것은, 사람이 쓸 수 있는 에너지는 한정되어 있다는 점이다. 불필요한 신경전에 에너지를 써버리면 정작 써야 할 곳에 쓸 수가 없다.

그래서 대인불안을 겪는 내담자들은 새로운 사람과의 만남이 전제된 상황이 아니더라도 항상 불편하고 피곤함을 느낀다. 이때에 감정은 분노, 슬픔, 우울로 나타난다.

이 대인불안의 원인은 내담자의 자아가 성숙하기 이전에 비난을 받았거나 거부당한 상처가 있어서이다. 이 상처는 늘 비난받을까 봐 걱정하고 거부당할까 봐 걱정하는 증상으로 나타난다. 그 증상은 자신의 외모나 말 등에 대해서 끊임없이 걱정하는 것이다. 어떤 일에 대해서 충분한 준비를 했으면 실전에서는 느긋해져야 하는 게 정상인데 대인불안을 겪는 사람들은 그렇지 못하다.

이러한 증상을 가진 사람에게는 거의 모든 사람의 감정은 비슷하다는 것을 인식하게 해주는 것이 중요하다. 다음으로는 그를 인정해주어서 그 스스로 인정받고 있다는 것을 알게 해주어야 한다.

대인불안에 해당하는 심리는 종교적 의식들을 통해서도 구원될 수 있다. 기독교의 상징인 예수가 비밀의 핵심이다. 자신도 모르게 느끼는 수치심과 걱정은 원죄 의식과 비슷하다. 기독교에서는 이러한 죄를 대신해준 예수가 있으니 누구도 지난 일에 대해서는 걱정하거나 불안해할 필요가 없다고 한다. 이것이 병든 정신과 아픈 심령을 치유하는 핵심이다. 대인불안 환자를 지배하는 불안, 분노,

두려움, 수치, 비난 등의 감정은 '이유를 모르는 죄의식'과 같기 때문이다.

대인불안에서 '이유를 모르는 죄의식'이라는 의미는 어떤 상황에서건 누군가가 자신의 말, 행동, 옷차림 등의 모든 삶의 방식을 평가할까 봐 두려워하고 불안해한다는 뜻이다. 이때에 대인불안 환자(내담자)를 지배하는 감정은 수치심, 분노이다. 그는 사람을 만날 때마다 이러한 감정에 사로잡혀서 극도로 긴장하여 목소리 떨림, 손 떨림, 다리 떨림, 입마름, 눈 깜박임, 자신의 심장박동 소리 의식 등의 증상에 시달린다.

그래서 대인불안 환자는 이 증상을 다스리기 위해서 조그만 일에도 막대한 에너지를 소비해야 한다. 무엇보다 중요한 것은 그 상황에 함께하는 상대방이 이러한 '불안한 사람'을 좋아할 리 없고, 자신 또한 상대방을 좋아하기 어렵다는 점이다. 대인불안 증상이 지속되면 사람을 두루 사귀지 못하고, 인간관계가 편협해진다. 이 편협한 인간관계는 대인불안에 덧보태어지는 집착, 우울 등으로 나아가기 쉽다.

대인불안 내담사는 비난을 받고 자랐을 가능성이 높거나 단 한 번뿐이라 해도 각인될 만큼의 비난이나 수치를 당한 상처가 치유되지 못한 사람이다. 그런데 이 속성이 죄의식과 잘 구별이 되지 않아 낯선 자리에 나서거나 새로운 일을 하면 강박적인 생각과 마주하게 된다.

그래서 교육적 차원의 치료 방법으로 대인불안 내담자에게 다양한 경험을 많이 하게 하여 어떤 환경이라도 익숙해지게 하는 것도 있지만, 가장 이상적인 방법은 '상처받은 또 한 명의 자신'을 만나서 진정한 치유를 받는 것이다. 교육적인 방법으로 접근할 경우 '상처받은 또 한 명의 자신'을 무시한 채, 훈련 형식으로 형식적인 삶에만 치중하면서 잠재된 문제들을 겪으며 살아가야 한다. 살아가면서 에너지가 고갈되는 순간마다 억눌린 불안이 스프링처럼 튀어오른다.

대인불안 증상이 무의식층에 눌려 있다가 다시 의식층으로 나타나는 때는 대부분 중년에 접어들어 삶의 에너지가 하강할 때이다. 하지만 청소년기나 청년기에도 나타나기도 한다. 청소년기에는 대체로 학교생활에 적응하지 못할 때, 청년기에는 사회생활에 적응하지 못했을 때에 무의식 속의 위축된 자신을 마주한다. 또 결혼으로 제2의 가정을 형성하게 될 때 급속도로 의식화되기도 한다.

심각한 대인불안 증상을 참으면서 살아가다 보면 편집증이 함께 나타나는 경우도 있었다. 편집증은 대개 성인기 후반에 발생하는 정신증적 증후군이다. 질투심, 감시당한다는 느낌, 비판받는다는 느낌, 중상모략의 대상이 되거나 독살당할 수 있다는 느낌으로 구성된 박해 망상을 갖고 있다. 편집증 환자들은 우연히 일어나는 일들이 어떤 방식으로든 자신에게 연관이 있다고 믿는다.

대인불안은 참고 견디는 것으로는 치유되지 않는다. 내담자는 이 증상을 이해하고 그 원인을 현재의 삶과 연관될 수 있도록 서사화하여 어차피 연관되어 있는 것을 사실로 연결 지어야 한다. 이때에 내담자의 서사는 그 혼자만의 것이 아니라 대부분의 사람들이 살면서 겪을 수 있는 일임을 받아들이도록 할 수 있는 '문학(이야기)'이 필요하다.

3. 치료 방법

먼저 모든 인간의 감정은 비슷하다는 것을 알게 하여, 내담자가 불안을 인정하게 해준다. 그다음 그 감정을 편안하게 받아들일 수 있도록 한다.

앞(감정 이해와 치유)에서 말했듯이 먼저 모든 인간의 감정은 비슷하다는 사실을 알게 하는 것이 중요하다. 그래서 자신이 누군가에게 느끼는 감정은 당연한 것임을 알게 하고 받아들이게 한다.

외로움, 부끄러움, 슬픔, 수치심 등은 모두 불안에 뿌리를 두고 있다. 이 감정들은 부정적인 정서를 불러일으킨다는 공통점이 있어서 내담자가 이를 인식하고 늘 다스리며 살아가야 함을 인식하게 하는 것이 중요하다.

대인불안으로 작용하는 감정은 대부분 부끄러움과 수치심이다. 정상적인 부끄러움이라면 양심에 거리낌이 있어서 떳떳하지 못할 때 느껴야 하고, 정상적인 수치심도 모욕을 당했을 때 느껴야 한다. 그런데 비정상적인 부끄러움과 수치심은 조금이라도 불확실한 상황을 만나면 자신도 모르게 느끼게 되어 안절부절못하게 되는 것이다.

　치료 방법으로는 내담자가 어린 시절이나 그 이후 삶의 과정에서 부당하게 대우받은 시점을 찾아서 회복시켜주는 것이 가장 바람직하다. 그래서 최면술, 기억연상법 같은 방법들이 동원된다. 무의식에 억압된 내재된 기억이 정신질환의 원인임이 밝혀진 이후 정신의학이나 심리학 계통에서 적용한 방법인데, 이러한 방법으로도 완전 회복이 되지는 않았다. 왜냐하면 일시적으로 자신의 무의식 속에 있는 억압 요소를 발견하여 그 순간 자신을 이해한다 하더라도 그것이 지속성을 갖지는 못하기 때문이다.

　오히려 이러한 증상이 있는 내담자들끼리 문학적 상상력을 자신에게 적용하는 것이 효과적이다. 자신의 감정을 고백하고, 그 감정이 그 상황과 일치하는 것인가를 점검해보는 것은 매우 중요하다. 무의식층에 자리한 억압으로 인해서 발생하는 불안, 분노, 부끄러움 등의 감정은 정상적이지는 않지만 이를 정상화하기까지는 꾸준한 연습이 필요하다.

　대인불안의 치유는 무엇보다도 자기 감정을 고백하는 것으로부터 시작된다.

1) 부정적인 감정 인식(감정표현)

　　그대 울지 마라 외로우니까 사람이다
　　살아간다는 것은 외로움 견디는 일

공연히 오지 않는 전화를 기다리지 마라

눈이 내리면 눈길 걸어가고
비가 오면 빗속을 걸어가
갈대 숲 속에 가슴 검은 도요새도 너를 보고 있다

그대 울지 마라 외로우니까 사람이다
가끔씩 하느님도 눈물을 흘리신다
공연히 오지 않는 전화를 기다리지 마라

산그림자도 외로움에 겨워 한번씩은 마을로 향하여
새들이 나뭇가지에 앉아서 우는 것도
그대가 물가에 앉아 있는 것도
외로움 때문이다

산그림자도 외로워서 하루에 한 번씩 마을로 내려온다
종소리도 외로워서 울려퍼진다.

— 정호승, 「수선화에게」 전문

내가 '일상치유 독서토론'의 주제로 일반인 대상으로 상담(강의)하면서 사용한 시이다. 몇 편의 시를 활용했는데 가장 호응도가 높았다. 내담자들 전체가 "그대 울지 마라 외로우니까 사람이다"라고 이 시를 낭송하면서 표정에서부터 변화가 일어났다.

이 시는 일상어와 다를 바 없는 시어가 반복되어 나타나기 때문에, 내담자의 감정과 바로 일치시키기에 적당하다. 또한 이 시의 주 정서인 외로움도 누구나 공감이 가능하다. 아울러 시에서는 외로움이 인간만이 아니라 신의 영역이기도 하다는 것으로 나아간다.

"공연히 오지 않는 전화를 기다리지 마라."

→ _____

내담자들이 빈칸 안에 넣는 답은 거의 일치했다. "먼저 문자나 전화를 먼저 해라"라는 것이었다. 하지만 상대방의 생각이 자신과 다를까 봐 망설이며 외로워한다는 것이다. 나는 이 상담을 하면서 빈칸 안에 '자신만의 답'을 먼저 쓰게 한 다음에, 모두 답을 소리내어 말하게 했다. 여기에서 중요한 것은 강사가 내담자들이 쓸 답을 미리 짐작하고 있어야 한다는 것이다. 이구동성으로 답을 읽게 한 다음에 "내가 먼저 전화한다"라고 답을 쓰신 분들은 손을 들어보라고 하여 내담자들에게 거의 모두 일치하는 답을 썼다는 것을 분명하게 알려주어야 한다.

이 문답은 거의 모든 사람은 감정이 비슷하기 때문에 자신이 가지는 생각이 옳다는 것을 인식시켜주는 데 효과가 있다. 대인불안은 자기 확신의 부족에서 비롯되기 때문이다.

'외로움'은 부정적인 감정이지만 받아들여야 하는 감정이기도 하다. 이 외로움을 일반화하여 받아들이지 못하면 다른 사람을 기피하게 된다. 그래서 이 시의 부분부분에 개인적인 사연을 넣어서 바꾸어보게 한다.

내담자들은 '외로워서 사장에 가고' '외로워서 카페에 가고' '외로워서 책을 읽고' 등으로 바꾸어 적었다.

2) 내 안에 있는 '영원히 어린 나'

이철환의『위로』에는 새끼를 잃어버리고 이상 행동을 하는 어미 판다 이야기가 나온다. 이 어미 판다는 눈이 내리면 나무 위에 올라가서 내려오지 않는다. 눈 내리는 날 새끼들만 동굴에 남겨두고 먹이를 구하러 나갔다 돌아오니 새끼들이 사라져 큰 충격을 받았기 때문이다. 어미 판다는 사냥꾼(적)이 눈 위에 찍힌 자신의 발자국을 따라 동굴에 들어와 새끼들을 잡아갔다고 생각한다. 그 죄책감 때문에 어미 판다는 눈이 내리면 나무 위에 올라가 꼼짝도 하지 않는 것이다. 다른 동물들은 판다를 이상하게 생각한다.

세상으로부터 상처 입은 사람들이 자신도 모르게 대중(타인)에게 드러내는 말과 행동은 상처받지 않은 사람들의 것과 차이가 있다. 그래서 대인불안이 있는 사람은 소통하기 어렵다. 소통이 된다 하더라도 당사자는 본심을 감추기 위해 식은땀을 흘리고 가슴을 졸인다.

대인불안을 겪는 사람들의 마음속에는 본인도 모르는 죄책감이 자리해 있는데, 이 죄책감에는 실체가 없다. 그래서 이 죄책감은 정상적이지 못하다. 왜냐하면 죄책감은 자신이 누군가에게 부당한 행동을 했을 때 느껴야 할 마음인데, 대인불안을 겪는 사람들은 일상의 사소한 일로도 자신을 책망하는 마음을 가지기 때문이다. 이 죄책감은 상처에서 비롯되었다는 것만은 사실이다. 『위로』의 판다 이야기는 내담자에게 이러한 사실을 인식하기에 적당한 문학 텍스트라고 할 수 있다.

먼저 내담자에게 웅크리고 앉아보라고 주문한다. 최대한 『위로』의 엄마 판다의 모습에 가깝게 웅크리게 한다. 웅크리는 모습은 자궁 안에 있을 때의 태아의 모습과 흡사하며, 일명 왕따의 포즈이기도 하다.

웅크린 채로, 판다의 입장이 되어서 자식을 잃은 아픔을 말로 표현해보게 한다.

그 자세로, 자신이 가장 불편한 마음 상태를 말해보게 한다. 말로 표현을 못한 사람은 글로 써보게 하여, 다시 시도한다.

자신도 모르게 반복적으로 하는 습관을 생각해보게 한 다음, 그것을 해보게 한다.

3) 대상과 감정의 바른 짝짓기

대인불안에 시달리는 사람은 충격적인 상처로 인해서 감정과 그 감정에 해당하는 대상에 대한 인식이 올바르지 않다. 최현석은 『인간의 모든 감정』에서 불안은 심각한 외상을 겪은 후 일상생활 속에서 또 그러한 일을 겪을 때 아무도 도와주지 않을 것이라는 두려움에서 비롯된 감정이라고 설명한다.

이야기 속의 어미 판다처럼 눈 → 두려움(또는 눈 → 죄책감)이라는 전혀 맞지 않는 감정의 반응이 일상에서 나타난다. 이렇게 감정이 상황에 맞지 않는 경우는 대부분 불안장애를 겪고 있는 내담자들의 말과 행동으로 나타난다.

예를 들어, 자신은 약속시간에 맞추어 도착했는데, 상대방이 일찍 도착하여 기다리고 있을 때 "늦어서 미안합니다"라고 말하며 몹시 미안해한다. 이때 상대방이 내담자가 늦게 온 것이 아니라는 것을 알아주면 별 문제가 없다. 하지만 내담자가 미안해하는 모습을 보고 상대방이 정말 늦은 것으로 착각하는 경우도 있다. 이때 내담자의 감정은 분노로 바뀌게 된다. 그래서 대인불안의 감정은 늘 '분노'와 함께한다. 그리고 이렇게 자신의 말실수로 생긴 분노를 다른 대상에게 풀고자 하면서, 이 내담자의 삶은 어수선해진다.

치료자는 내담자에게 "이야기 속의 판다가 당신 자신이라면 어떻게 생각을 바꾸어야 할까요?"라고 묻는다. 그리고 "나의 잘못이 아닙니다. 가장 큰 잘못을 저지른 놈은 사냥꾼입니다. 그리고 눈의 잘못입니다"와 같은 대답을 할 수 있도록 유도한다.

'눈의 잘못'이라는 말은 코믹한 말이다. 내담자들과 대화하다 보면 그들에게는 유머가 결여되어 있음을 알 수 있다. 그리고 이들은 잘못, 부정, 원망, 분노 등의 감정을 인간에게만 한정하여야 한다는 고정관념을 가지고 있다. 또한 가장 가까이에 있는 사람에게 증오와 사랑 등의 모든 감정을 한정지으려는 경향이 있다. 그러므로 이러한 내담자의 심리를 인간이 아닌 자연물로 확대하여

표현할 수 있게 하여 재미를 줌으로써 그들의 사고를 느슨해지게
한다.

■ 불안의 실체를 발견하라

'불안'이나 '두려움'의 실체는 따로 있다는 사실에 해당하는 이야
기는 구전동화「호랑이와 곶감」이다. 문학치료사는 이 이야기를 들
려주거나 텍스트로 만들어서 내담자에게 제공한다.

> 늙어서 죽어가는 아버지 호랑이가 아들들에게 말했다.
> "우리 호랑이들보다 더 무서운 것이 꼭 하나 있으니 조심해야
> 한다."
> "그게 무엇입니까, 아버님?"
> "그건 곶감이란다."
> "곶감요?"
> "그래, 내가 젊었을 곶감에게 붙잡혀서 죽을 뻔한 일이 있었다.
> 부끄러워서 말 안 했다만, 이제야 너희들에게 일러두니 곶감이란
> 놈을 조심하거라. 곶감은 어두운 밤에도 한 번 붙으면 떨어지지
> 않고, 몸과 마음을 꼼짝 못하게……"
> 아버지 호랑이는 부들부들 떨면서 눈을 감았다.

내담자들에게 '곶감'이 무엇인지 묻는다. 거의가 곶감에 대해서
는 알고 있을 것이다. 그리고 호랑이가 자손 대대로 조심하라고 한
'곶감'의 실체는 무엇인지에 대해서 이야기를 나눈다.

나는 이 내용으로 치유 프로그램을 운영할 때 곶감을 준비하여

내담자들에게 하나씩 나누어주었다. 대인불안 내담자들은 새로운 사람 서너 명 앞에서 말하는 것도 부담스러워한다. 목소리가 떨리고 손이 떨리는 것을 쉽게 볼 수 있다. 곶감을 나누어 먹고 바로 한 명씩 이 이야기를 '자기 방식'으로 해보라고 시킨다.

남 앞에서 말할 때, 긴장되고 떨리는 이유가 뭐라고 생각하는지 묻는다(이때 치료사는 내담자들이 어린 시절로 되돌아가서 생각할 수 있도록 유도한다).

- 엄마가 매우 엄격해서 말을 함부로 못 하게 했기 때문에 남 앞에서는 아예 말을 못 하는 것이 습관이 되었다
- 아버지가 일찍 돌아가셔서, 아이들이 놀릴 것 같은 기분이 항상 따라붙었다.
- 할머니가 딸이라고 무시해서 항상 주눅이 들어 있다.
- 남 앞에서 말을 잘못하여 실수하면 창피당할까 봐 말이 안 나온다.
- 말을 하면 항상 누가 야단을 칠 것만 같다.

치료사는 이들의 말을 천천히 들어주면서, 공감해준다. 그다음에 "이야기 속의 곶감이 무서워할 존재입니까?"라고 물으며, 곶감에 대해서 각자 말해보게 한다.

- 곶감은 달콤하다.

- 곶감은 하얀 가루를 뒤집어쓰고 있다.

- 곶감은 사탕 맛이다.

- 곶감은 솜사탕 같다.

- 곶감은 엿 같다. (여기서부터 치료사 개입)

- 곶감은 바보다.

- 곶감은 아무것도 아니다.

- 곶감은 사기꾼이다. (호랑이에게 사기 쳤으니까)

위와 같은 대답이 나온다. '곶감은 엿 같다'라는 부분에서 치료사가 개입하면서 곶감으로 인해서 호랑이가 두려움에 떨었다는 것을 내담자에게 인식하게 한다. 치료사의 개입으로 인해 그 후에는 내담자들이 곶감에 대해서 거의 욕에 해당하는 말을 하는 것을 들을 수 있다.

그다음으로 '곶감이 나쁜 것'이 아니라 호랑이의 판단이 잘못되었다는 것을 인식하게 한다. "그럼 호랑이에 대해서는 어떻게 생각하나요?"라고 물었다.

- 호랑이는 바보다.

- 호랑이는 귀머거리이다.

- 호랑이는 겁쟁이이다

- 호랑이는 두려움쟁이이다. (치료사 개입)

- 호랑이는 불안쟁이

- 호랑이는 호들갑쟁이
- 호랑이는 대인불안 환자

이러한 대화를 나누면서 자신에게도 비슷한 경험이 있었는지 말해보게 한다. 왜 남 앞에 서서 말하려고 하면 두려운지 이야기해보자고 한다.

나는 이때부터 내담자에게 '대인불안'의 실체에 대해서 적극적으로 설명하기 시작했다. 실제로 대인불안의 형태는 다양하게 나타났다. 남 앞에서 하고자 하는 일이나 말을 못 하는 것은 기본이다. 어떤 내담자는 직장 생활을 하면서도 집단 내의 사람들과 감정을 단절하고 살아가기도 했다.

> 내가 대인불안 내담자들을 만나면서 발견한 놀라운 점이 있다.
> 자신이 사람과의 관계에서 불안하다는 사실을 늘 말하고 그 불안에 대한 이유에 대해서 알고자 하는 사람은 불안을 극복한다는 것이다. 하지만 내담자가 마치 인생을 달관한 사람처럼 잔잔하게 호수처럼 보이는 경우가 더 위험하다는 점을 발견했다. 사람 사이에서 스트레스를 받지 않으려고 거리를 두고, 긍정적인 반응을 보이며 잔잔하게 살아가려는 태도는 어느 순간 한계를 드러낸다.

대인불안에 시달리던 내담자 김○○ 씨는 다음과 같이 자신의 사연을 말했다.

초등학교 때 동생과 나는 부산 이기대에 있는 학교로 전학을 왔다. 그 당시 이기대는 사람들이 드나들며 수영을 하는 곳이기도 했다. 나와 동생은 전학 온 지가 얼마 안 되었기 때문에 그곳의 사정을 몰랐다. 내가 잠시 나무에 앉은 나비에 정신이 팔려 있다가 고개를 드니 동생이 물에 빠져 허우적거리고 있었다. 나는 헛손만 내젓다가 그 자리에서 도망쳤다.

나는 내담자와 상담하면서 그 사연을 조용히 들어주었다. 이 사건을 겪은 후 그의 삶은 정상적이지 않았다. 초등학생 시절을 왕따로 지내야 했고, 결혼도 했지만 지금까지 불안과 싸우는 삶을 살고 있었다. 그는 삶에서 힘든 상황을 만날 때마다 극도의 불안을 느끼면서 자살 충동을 느낀다고 했다.

그는 가장이기 때문에 직장 생활을 하고 있었다. 다행히 이러한 사정을 모두 이해하는 아내는 남편인 내담자가 할 수 없는 일을 해주는 사람이었다. 아내가 그의 역할을 대신하여 해주는 일 중 하나는 조카들에게 용돈을 주는 일이었다. 아랫사람에게 용돈을 주지 못하는 것은 대인불안을 겪는 사람들의 특이점이다. 어른이라면 쉽게 할 수 있는 '용돈 주기'를 할 수 없을 만큼 대인불안을 겪고 있는 사람의 심성은 여리다.

이러한 심성을 가진 내담자는 마음을 열지 않는 것이 아니라 다가가지 못하는 것이다. 눈앞에서 동생을 놓친 사건으로 인한 상처는 그 자신이 아무것도 해주지 못하고 애만 태우는 존재라는 암시로 남아버린다. 이 암시가 모든 관계의 근원으로 자리 잡았던 것이다. 이러한 상처로 인해 그는 마음속으로는 타인에게 집중하지만 사사로운 생활의 어려움이 겹치는 상황에 부닥치면 어김없이 무너졌다.

그는 말을 몹시 빨리 하는 버릇이 있었다. 처음에는 낯을 가려서 말을 잘 하지 못하다가 말문이 트이면서부터는 쉼표 없는 말이 계속되었다. 말이 빠른 것은 대인불안 증상을 호소하는 내담자들에게 거의 공통적인 특성이었다. 이것만 바로잡아주어도 대인불안은 극복되고 있다고 봐도 된다.

대인불안이 심각한 사람이 말을 빨리 하는 것은 자신이 이미 한 말에 대해서도 스스로가 믿지를 못하기 때문이다. 자신이 한 말을 남도 이해하지 못했을 거라는 불안, 혹은 자신이 한 말에 누군가가 딴죽을 걸 것이라는 불안, 그래서 자신이 한 말과 말 사이를 스스로 채워 넣는 것이다.

이 내담자는 동생이 물에 빠져 허우적거리다가 사라지는 광경을 목격했다. 순간적으로 사라지는 것에 대한 불안감이 있었다. 일상생활에서도 조카에게 용돈을 스스로 주고 싶지만 그 단순한 행동도 하지 못한다. 용돈을 주고받을 때의 그 간극을 견디지 못하는 불안감이 있었던 것이다.

■ 불안은 마음이 만든 허상이다

대인불안의 가장 근본적인 원인은 자기 자신의 마음이다. 그래서 치료는 '불안'이 실재가 아니고 자신의 마음이 만든 허상이라는 것을 인식하게 하는 과정이다.

우화「점쟁이를 믿는 산돼지」는 대인불안으로 인한 불안이 육체적인 아픔으로 표현되는 이야기이다. 산돼지는 천둥, 번개가 치는 날이면 어김없이 두통을 호소한다. 천둥 번개가 치려는 징조가 나타날 때부터 시작되는 두통을 견디지 못해 산돼지는 하는 수 없이 점쟁이 오소리를 찾아간다. 오소리는 산돼지의 말을 듣고 오히려 천둥, 번개가 치기 전에 산꼭대기에 올라가서 앉아 있으라고 말한다. 점쟁이인 자신의 말을 믿고 산꼭대기에 올라가 앉아 있어도 아무 일도 없을 테니 걱정하지 말라는 말까지 덧붙인다. 또 천둥, 번개에 이어서 비가 내리기 시작하면 오목한 단지를 머리에 이고 7분 동안 꼼짝하지 말고 기다려서 단지에 빗물을 받아서 내려오라고 했다. 그 빗물을 한 방울도 흘리지 말고 조심스럽게 가져와서 꼭 그 물에 찔레나무 열매를 넣어서 차를 끓여 마시라는 것이 오소리의 처방이었다. 산돼지가 점쟁이가 시키는 대로 하였더니 두통이 깨끗이 나았다. 대인불안의 전형적인 증상을 잘 말해주는 이야기이다.

내담자들에게 이 이야기를 들려준 다음, 각자 선 자세로 입에 꽃을 물고, 물을 반쯤 채운 컵을 머리 위에 이고 있게 한다. 이때에 꼭 주의 사항을 말해주어야 한다. "마음이 불안한 사람은 컵을 머리에 이고 있기 어렵습니다. 불안하지 않을 때까지 손으로 컵을 잡고 있다가 편안해지면 컵에서 손을 떼시기 바랍니다." 머리에 물컵을 이고 있는 내담자의 자세가 바로 되어 안정되게 배려해야 한다.

물컵을 머리에 이고 1분 정도 있게 한다(내담자가 이 연습에서 성공할 수 있도록 세심한 보살핌이 필요하다).

"여러분은 어떤 상황에서 불편해지나요?"라고 묻는다. "산돼지가 두통을 앓는 건 천둥 번개 치는 날 많이 놀란 기억 때문이겠죠? 여러분의 불안도 분명히 어떤 원인이 있을 거예요."

이때 여러 가지 증상을 제시한다. 가슴 두근거림, 식은땀, 두통, 울렁거림, 손 떨림, 복통, 잦은 소변, 말 빠름 등. 이러한 증상은 자신 속의 어떤 '불안' 때문이라는 것을 인식하게 하며, 머리에 이고 있었던 그 물을 마시게 한다.

이 훈련을 날짜를 달리하여 3회 정도 반복적으로 실시한다. 훈련을 한 다음에는 반드시 서서 1분 이상 발표하는 분위기를 만들어서 대중 앞에서 말하는 것에 익숙해지는 연습을 병행한다.

다음 이야기를 통해 불안의 실체를 더욱더 구체화한다.

배가 고픈 호랑이가 어슬렁어슬렁 마을로 내려왔다. 호랑이는 어느 집의 외양간에 몰래 들어가서 먹을 것이 없나 두리번거리며 찾아보았다. 그때 방 안에서 아기의 울음소리가 들려왔다. 아기를 달래던 엄마는 아기에게 호통을 치기 시작했다.

"계속 울면 할머니한테 혼난다."

"계속 울면 훈장님한테 혼난다."

"계속 울면 밖에 있는 호랑이에게 던져버릴 거야."

호랑이는 자신이 밖에 와 있다는 것을 아기 엄마가 알고 있는 줄 알고 깜짝 놀라면서도 한편으로는 흐뭇했다. 곧 먹잇감이 밖으로 던져진다는 기대감에.

그래도 아기는 계속 울었다. 엄마의 목소리가 들려왔다.

"뚝! 여기 곶감이다!"

그 말이 떨어지자 아기의 울음은 더 이상 들려오지 않았다. 호랑이도 슬금슬금 뒷걸음질치기 시작했다. 자기보다 더 무서운 게 '곶감'이구나 하는 생각이 들었기 때문이다.

그때 소를 훔치러 외양간에 몰래 들어온 소도둑이 호랑이를 더듬더듬 만졌다. 호랑이가 소인 줄 알았던 것이다. 호랑이는 소도둑이 곶감인 줄 알고 화들짝 놀라 달아나려 했고, 소도둑은 엉겁결에 호랑이 등에 올라타게 되었다. 컴컴한 데서 벌어진 일이었다. 곶감이 자신의 등에 올라탄 줄 안 호랑이는 미친 듯이 도망치다 낭떠러지로 굴러떨어졌다.

"여러분, 곶감은 가장 무서운 존재인가요? 많이 걱정했던 상황이 의외로 아무것도 아니었던 적이 많지요? 그런 경험을 이야기해봅시다." 이때에 '호랑이는 곶감이다'라는 말놀이를 먼저 하게 한다.

- 호랑이는 곶감이다.
- 사장님은 곶감이다.
- 아빠는 곶감이다.
- 대중은 콩나물이다. (여기서부터 개인적)
- 교수님은 수다쟁이이다.
- 사장님은 등잔 밑이다.

「호랑이와 곶감」에 대한 이야기를 한 사람씩 간단하게 시킨다.

이 이야기 다음에 반드시 자신이 두려워하는 사람에 대한 불안 증상에 대해서도 말하게 한다. 이때는 될 수 있으면 서서 말하게 한다. 이 프로그램은 내담자가 사람을 만나서 말하는 것에 익숙해지게 하는 훈련에 속한다.

이때에 치료사가 공감, 격려, 기쁨 등의 반응을 해주는 것이 치료의 성패를 좌우한다.

4) 그대로 받아들이기 연습

대인불안 내담자는 자신이 항상 부족하다고 생각하는 경향이 있다. 스스로가 느끼는 이러한 결여를 긍정적으로 받아들이면 그렇지 않은 사람보다 더 성공적인 삶을 살아갈 수도 있다. 하지만 심할 경우가 문제이다. 자신에 대한 확신이 없어서 모든 관계가 위태로워지기 때문이다.

대인불안 내담자는 자신에게는 인정받을 만한 것이 아무것도 없다고 생각하는 경향이 있다. 누가 칭찬을 해줘도 비아냥으로 생각하거나 너무 과분하게 생각하여 얼굴이 달아오르기도 한다. 겸손과는 다른 자기비하 의식이다.

숫자 하나 차이로 바보의 인생을 살아가는 호아킴 데 포사다의 『바보 빅터』는 대인불안의 실상을 대변하는 이야기이다. 특히 이 책에서 빅터와 더불어 한 스토리를 구성하는 로라는 대인불안을 가진 사람들의 전형적인 반응을 보인다.

로라는 진짜 예쁜 소녀인데 어릴 적부터 '못난이'로 불려왔다. 그래서 누군가가 그녀에게 예쁘다는 말을 하면 자신을 놀린다고 생각하여 크게 화를 낸다. 물론 못난이라고 부르는 것도 마찬가지로 듣기 싫어한다. 동창인 빅터가 로라를 예쁘다고 하자 심한 수치심을 느끼면서 광분하는데, 이러한 작가의 표현은 같은 감정을 겪어본 사람이기에 가능한 것이다. 작가는 스스로의 경험을 바탕으로 『바보 빅터』를 썼다. 그래서 대인불안에 시달리는 사람들이 겪는 수치, 분노 등이 수반되는 감정을 정확하게 말해주고 있다. 또한 이 상황에서 로라의 얼굴이 상기되었다는 것으로 표현되는 신체 변화도 대인불안을 겪는 사람들이 견디기 어려워하는 것이다. 로라가 '예쁘다'라는 말을 듣는 그 상황을 "당황해서 말을 잇지 못하고, 얼굴은 빨갛게 달아오르고, 이유를 알 수 없는 부끄러움을 수반한 분노의 감정"이라고 정리할 수 있다.

내담자들에게 『바보 빅터』에서 로라에 해당하는 부분만 이야기 형식으로 들려주어도 충분히 대인불안 증상을 이해시킬 수 있다. 『바보 빅터』를 내담자들에게 들려주고, 자신이 타인을 두려워하는 이유를 말해보게 한다.

대인불안은 거의 모든 정신질환에서 공통적으로 나타나는 증상이기도 하다. 그래서 이 증상이 극복되면 다른 증상들도 극복될 가능성의 폭이 대폭 확대되는 효과가 있다. 하지만 자신이 상처받은 시점을 정확하게 기억해내기는 어렵다. 그래도 이와 관련된 이야기를 자주 접하고, 현재 자신이 느끼는 대인기피 현상에 대해서 말할 수만 있어도 증상은 완화된다.

- 저는 제가 말을 하면 누군가가 잘난 척한다고 욕할 것 같아요. 이유는 잘 모르겠어요.
- 저는 할머니로부터 '쓸데없는 가시나'라는 말을 밥 먹듯이 들으면서 자라서 제가 하는 일에 자신이 없고, 세 사람하고만 대화해도 약간 긴장이 됩니다.
- 저는 옷을 조금이라도 튀게 입으면 밖에 나가지 못해요. 누군가가 욕할 것 같아요.

5) 망상을 쫓아내고 실상 인식하기

유성진과 권석만의 논문 「걱정이 많은 사람들의 성격특성」에 의하면 범불안장애를 겪는 환자들의 걱정(worry)은 '부정적인 정서와 관련되며, 상대적으로 통제가 불가능한 사고와 심상의 연쇄'로 정의된다. 이때의 걱정은 문제 해결 측면보다는 공포 과정과 관련된 인지적 회피 기능이 더 강하게 드러난다. 또한 범불안장애의 핵심인 걱정은 주제가 다양하고 광범위하며, 다른 걱정을 촉발하여 순식간에 여러 걱정으로 확산하는 경향을 띤다. 그래서 범불안장애는 사회공포증, 대인관계 불안 등의 맥락에서 함께 논의된다.

『바보 빅터』의 로라는 대인불안의 전형적인 패턴을 보여준다. 그녀는 일상을 '나쁜 예감'으로 바라보고, 그것이 현실로 나타나면 자신의 예감이 적중했다고 생각한다. 자신이 생각했던 것과 다르게 남편이 그녀를 위해서 열심히 일하여 행복한 부부 생활을 할 때에도 그 행복이 가당키나 한 것인가라고 부담스러워한다. 남편이 잘나갈 때도 시시때때로 불안해하고 조그만 일에도 넋두리를 하는 로라는 끝내 파경을 맞이한다.

남편은 로라의 예쁜 얼굴을 인정해주고 지독한 패배주의에 사로잡힌 아내를 위로해서 안정적인 가정을 꾸리고 싶어 했다. 하지만 아내의 패배주의적이고 비관적인 말을 들으며 몇 년의 결혼 생활을 하는 동안 남편도 패배주의에 빠지고 말았다. 로라에게 지친 남편은 더 늦기 전에 이혼하는 것이 서로에게 낫다고 선언한다. 헤어지면서 남편이 로라에게 남긴 "당신은 예쁘고 착한 여자다. 하지만 자신을 사랑하는 방법을 배워야 한다"라는 말은 모든 대인불안의 사람들에게 해당하는 말이다.

로라의 대인불안 증상은 결혼 생활까지 파국으로 이끌었다. 그녀는 어린 시절 냉대받으며 불안하게 보냈다. 그 결과 그녀는 이러한 생활에 익숙해졌다. 오히려 잠시 동안의 행복했던 결혼 생활에 적응하지 못하고 그 행복을 자신의 것이 아니라고 여기는 병적 심리 상태에 빠진 것이다.

나는 내담자들과 함께 로라의 인식이 잘못되었다는 것에 대해 이야기를 나누었다. 그다음, 내담자 자신이 왜곡하여 받아들이고 있는 잠재된 생각으로 인해 현실에서 잘못 반응하고 있는 것을 말하게 했다. 이 부분을 진행하기에 앞서 치료사가 은밀하게 깔아주는 배경은 매우 중요하다. 이때 배경은 '로라의 인식과 행동을 이해하는 것, 누구나 그렇게 할 수 있다는 것'을 그들의 생각 속에 전제시키는 것이다.

내담자들이 오랫동안(특히 어린 시절) 자신을 지배했던 감정과 상황에 더 익숙한가 묻는다. 그 어린 시절의 감정과 상황이 불안하고 가난했다 하더라도 자신도 모르는 사이에 그 감정과 상황으로 이끌리는 것을 말로 표현하게 한다.

- 혼자 있으면 우울해지는 걸 알면서도 어린 시절에 늘 혼자 지내와서, 혼자 있는 것이 오히려 편하다.
- 내 생각을 말하고 싶은데, 어린 시절부터 말만 하면 혼난 기억 때문에 나도 모르게 말이 나오지 않는다.
- 늘 언니가 주인공이었기 때문에 내가 좋은 자리에서 주인공 역할을 하는 것은 어울리지 않을 것 같다.
- 어린 시절부터 허드렛일을 맡아 했기 때문에 장례식장 같은 데서 잡일을 하거나 부엌에서 일을 하는 것이 더 안정적이다. 그런 일을 하고 싶지 않지만 그런 일을 해야 마음이 편하다.

이와 같이 로라의 심경을 파악하면서 불안을 겪는 내담자들의 마음 체계가 잘못되어 있다는 것을 인식하게 한다. 내담자들의 이야기를 충분히 듣고 다음 단계로 나아간다.

6) 대인불안 극복 연습

마지막으로 신데렐라 이야기를 읽으며, 신데렐라가 그 어려운 환경을 극복한 이유를 내담자들에게 물었다. 대답은 다음과 같이 이어졌다.

- 신데렐라는 미인이었기 때문에 왕자가 반했다.
- 신데렐라는 참을성이 많았기 때문이다.
- 신데렐라는 매력적이었다.
- 신데렐라는 파티에 나올 수 있는 용기가 있었기 때문이다. (중요한 대답−치료사가 제공)

나는 내담자들에게 신데렐라가 자신의 환경에서 벗어날 수 있었던 것은 사람들이 많이 모인 파티에 나갈 수 있는 용기에서 비롯되었다고 말했다. 다음으로, 내담자들을 차례로 일어나게 하여 자신이 신데렐라가 되어 파티에 왔다고 생각하고 왕자를 반하게 할 수 있는 인사를 하게 했다.

이러한 행위들은 이야기를 통해서 사람을 상대하는 것에 익숙해지게 하는 훈련에 속한다. 또한 다양한 사람들의 말들을 들으면서 자신의 감정이 남들과 특별히 다르지 않다는 인식을 심어주기 위한 과정이다.

2장 ADHD와 문학치유 : 초등학생 대상

요즘 어머니들은 참으로 유식하고, 유행에 민감하다는 말을 먼저 하고 싶다. 나는 책 읽기 교육에 대해 상담하러 오는 어머니들을 많이 만난다. 나를 찾아온 상담자들 중 저학년 남자아이를 둔 어머니들은 대부분 아이가 ADHD일 수도 있다고 말한다. ADHD, 이 어려운 신종 용어를 모르는 어머니가 없다는 것이 놀랍다. 부산스러운 아이들을 이상하게 바라보는 어른들은 의학적으로 확실하게 밝혀지지도 않은 ADHD가 신종 전염병이라도 되는 양 생각한다. 자신의 자식을 의학과 물리적인 힘을 빌려서 치료하고자 하는 것도 놀랍기만 하다.

ADHD, 즉 '주의력 결핍/과잉행동 장애(Attention Deficit/Hyper-activity Disorder)'는 아동기에 많이 나타나는 장애로, 지속적으로 주의력이 부족하여 산만하고 과다 활동, 충동성을 보이는 상태를 말한다. 이러한 증상들을 치료하지 않고 방치할 경우 아동기 내내

여러 방면에서 어려움이 지속되고, 일부는 청소년기와 성인기가 되어서도 증상이 남게 된다는 것이 학계의 견해이다.

나는 자식이 ADHD일까 의심하는 부모들의 걱정은 대부분 기우라고 생각한다. 13년 동안 도서관에서 여러 어린이들을 만나면서 부모들이 ADHD라고 의심한 아이 중에 진짜 ADHD로 진행한 아이를 한 명도 본 적이 없다.

아이들을 ADHD로 보는 부모의 시선 일각에는 '집중하여 공부를 열심히 한다면 최고의 성적이 나올 텐데'라는 욕망이 숨어 있다고 보인다. 당연한 말이다. 집중해서 공부만 한다면 누구나 최고가 될 수 있기 때문이다. ADHD 증상으로 판정된 아이들 중에 학습장애와 관련되지 않은 아이가 과연 몇 명이나 될까?

ADHD로 판정받은 아이들도 문학치유를 통해서 충분히 치유될 수 있다고 본다. 실제로 이 아이들이 문학치유 활동을 통해서 정상적으로 변화하는 것을 자주 보아왔다.

ADHD로 의심받는 아이들은 반복적인 눈 깜박임, 반복적인 손 움직임, 반복적인 고개 돌림, 목 걸림에 대한 반복 확인, 반복적인 다리 떨기 등의 증상을 보인다. 그리고 문학치유를 통해서 많이 호전된 아이들은 책의 끄트머리를 살짝 만지작거리거나 접는 행동을 한다. 이 증상의 공통점은 반복적으로 같은 행위를 한다는 것이다. 강박관념에서 비롯된 증상이라는 것을 알 수 있다.

이 증상들은 틱 장애라고도 하는데, 이에 대해서는 프로이트가 이미 말한 바 있다. 이 증상들은 극도의 억눌림이나 불안을 견디기 위한 도피로 나타난 결과이다. 그래서 아무런 증상이 없이 억눌려 있거나 속으로 불안해하는 것보다는 증상으로 나타난 것이 더 나을 수도 있다.

나에게 책 읽기 지도를 받으러 오는 저학년 남자아이들은 거의 위에 열거한 것들 중 하나 이상의 증상을 보인다. 그런데 신기하게도 '눈 깜박임'이나 '목 걸림에 대한 반복 확인' 등 두드러진 틱 장애일수록 빨리 치유된다는 것이다. 두드러진 특징으로 나타난 틱 장애일수록 주위의 어른들이 증상을 빨리 인식할 수 있어서 고쳐지는 것도 빠르다는 것을 알 수 있다.

틱 장애가 있는 아이들은 대부분 어른들의 눈길을 피하고 대화를 회피하는 경향이 있다. 그리고 훈계나 교훈적인 말하기 방식의 대화를 매우 싫어한다.

나는 대부분의 저학년 남자아이들이 성장 과정에서 이러한 증상을 겪다가 점차 나아지는 것을 13년 동안 보아왔다. 한 아이는 문학치유 프로그램을 진행한 지 한 달 만에 틱 장애가 사라지고, 친구들과 어울릴 수 있는 평범한 아이가 되기도 했다.

내가 ADHD 증상을 가진 아이들로부터 발견한 놀라운 점은 이 아이들 대부분이 천재성을 띤다는 것이다. 그래서 천재성과 정신 질환은 좁은 경계를 사이에 두고 놓여 있다고 하는 것 같다.

ADHD 아이들은 대부분 모유를 먹고 자라지 못한 공통점이 있다. 한마디로 불편함을 겪으며 자랐으리라는 짐작을 해볼 수 있다. 사람에게는 불안한 환경에 견딜 수 있는 한계가 있다. 죄수나 포로를 심문할 때 지속적으로 소음을 내거나 불을 켜놓고 자극을 주거나 잠을 못 자게 하는 방법을 사용하는 것도 그 때문이다. 그런 방법이 정신을 망가뜨린다는 것을 심리학 책에서 본 적이 있다. 오랫동안 지속되는 고독과 어둠도 비슷한 효과를 불러일으킬 수 있다. 영아 때의 사소한 불편은 아이의 정신세계에 막대한 영향을 끼치게 된다.

영아가 불편함을 참을 수 있는 한계는 좁다. 이런 점에서 아이가 어머니의 젖을 먹느냐 분유를 먹느냐도 특별한 의미를 가진다. 어머니가 규칙적으로 젖을 먹이면 아기는 신뢰감을 느끼고 정서적으로 충족된다. 물론 분유 수유로도 정서적인 충족을 얻을 수 있지만 모유와는 차이가 있다. 어머니의 젖을 먹으며 자라는 아기의 마음속에는 한 인간을 향한 희망, 감사와 사랑의 실마리들이 생겨난다. 하지만 분유 수유는 수유를 하는 사람이 바뀔 수 있고, 분유의 온도도 일정치 않다. 또한 아기를 대하는 사람이 바뀌면 아기가 느끼는 느낌도 달라진다. 그래서 분유 수유를 통해 자라는 아기는 인간에 대한 일관된 믿음을 갖지 못한다. 그러므로 아이가 ADHD를 보이는 원인을 찾지 못할 경우 영아기에서 찾으면 될 것이다.

장애의 원인이 어린 시절이라면 어린아이는 처음부터 세계에 대항하거나 세계 앞에서 자신을 보호해야만 한다고 느끼거나 세계에 환멸을 겪게 된다.

ADHD 증상으로 의심받는 대상은 대부분 초등학생들이기 때문에 적당한 책 읽기와 토론을 통해서도 크게 호전된다. 이때 훈계나 가르치는 형식의 독서 방법을 사용하면 곤란하다. 책을 읽지 못하는 내담자에게는 치료사가 이야기를 구연해주면서 흥미를 유발해야 할 것이며, 스스로 책을 읽을 수 있게 되면 전래동화나 환상이 가미된 창작동화를 통해서 서서히 시작한다.

1. 감정에 대해서 이해하며 자기화하기

ADHD 증상을 가진 아이들은 인간의 감정에 대한 이해가 부족하다. 그래서 먼저 쉬운 그림 전래동화를 문학치료사와 함께 읽으며, 그 이야기에 대한 감정을 나누는 것이 무엇보다도 중요하다. 이때 함께 읽을 이야기는 다음과 같은 것이어야 한다.

- 단순한 구성의 이야기
- 20분 안에 읽을 수 있는 분량의 동화

여기에서 무작정 읽은 이야기에 대한 감상만 나눈다면 독후 활동과 다를 바 없다. 이 단계는 내담자가 문학치료사를 신뢰할 수 있는 기간이어야 하고, 문학치료사는 내담자의 감정 상태를 파악할 수 있는 단계여야 하기 때문에 매우 중요하다.

■ 무서운 이야기를 통한 치유

눈 깜박임 틱 장애를 가진 초등학교 1학년 허○○ 군은 친구를 따라서 스스로 내가 운영하는 도서관을 찾아왔다. 몸집은 유달리 작고 눈이 큰 그 아이는 주위에 전혀 아랑곳하지 않고 만화책만 읽었다. 다른 또래들과의 토론이나 놀이에 참여하지도 않았다. 나는 거의 1주일 동안 그 애 옆에 앉아서 그 애가 전날 읽었던 책을 읽으면서 웃기도 하고, 혼잣말을 하기도 했다.

아이는 나를 쳐다보지도 않고 눈을 깜박이며 책만 읽었다. 우리 도서관에 회원 가입도 하지 않고 그냥 다니기만 했다. 1주일쯤 지났을 때, 그 애는 책을 읽다가 나온 모르는 낱말을 나에게 물었다. 시큰둥한 말투였다. 나도 그 애의 얼굴을 바라보지 않고 무심한 척 그 낱말의 뜻을 말해주었다.

허○○ 군은 무서운 옛날이야기에 가장 관심을 보였다. 치유는 「내 아기의 목을 내놓아라」라는 이야기를 통해 진행되었다.

옛날에 아기를 업은 여자가 밥을 달라고 구걸하고 다녔어요.
사람들은 아무도 밥을 주지 않고, 대신 산을 넘어서 주막에 가면 밥을 얻어먹을 수 있다고 가르쳐주었어요. 여자가 아기를 업고 넘어야 할 산은 대낮에도 귀신이 나온다는 무서운 산이었어요.
배가 너무 고파서 아기에게 줄 젖도 나오지 않는 여자는 할 수 없이 그 무서운 산을 넘어가서라도 밥을 얻어먹어야겠다고 생각했지요. 여자는 무서움을 달래기 위해서 헛간에서 가져온 낫을 들고 밤길을 나섰어요. 산중턱에 이르자 비도 부슬부슬 내려 더욱 무서웠어요.

　그때, 누군가가 여자의 머리카락을 잡아당겼어요. 여자는 낫을 사정없이 휘둘렀어요. 그래도 자꾸 머리카락을 잡아당기는 것 같아서 낫을 계속 휘두르면서 미친 듯이 산을 넘어 주막에 도착했지요.

　그런데 주막에 도착한 여자는 깜짝 놀랐습니다. 등에 업힌 아기의 목이 달아나고 없었던 거예요.

나는 「내 아기의 목을 내놓아라」에 대해 이야기를 보며 허○○ 군의 손을 처음으로 꼭 쥐면서 그 애의 눈을 정면으로 마주 보았다.

"○○아, 아기 머리는 귀신이 잘라간 건가?"

그 아이는 눈을 크게 떴다.

"아니요, 샘! 바보세요? 당연히 아기 엄마 때문에 그렇게 된 거잖아요!"

이 이야기의 비극성이 허○○ 군의 마음을 자극한 것이다(비극은 희극에 비해서 훨씬 더 감정 정화에 효과가 있다). 이 정도의 반응은 내담자가 누군가와 말할 만한 기분이 생겼다는 것이다.

　여기서 내담자의 감정 상태를 짐작할 수 있는 어휘가 포착된다. "바보세요?" "당연히" "~때문에"이다. 내담자는 ① 답답하고(당연히) ② 어이가 없고(바보세요) ③ 피해 의식(~때문에)을 느끼고 있다. 이후에도 이 내담자가 구사하는 문장에는 거의 이 세 개의 낱말이 필수적으로 사용되었다.

내가 물었다. "죽은 아기도 불쌍하지만, 엄마도 진짜 불쌍하다. 그치?"

"뭐가 불쌍해요. 엄마는 진짜 바보 같고 나빠요."

"불쌍하지. 자식을 낫으로 그렇게 해버렸는데, 너희 엄마 같으면 얼마나 슬퍼했겠어?"(어린 시절의 상처에 접근)

"우리 엄마는 안 슬퍼해요. 아마 그럴걸요." 허○○ 군은 시큰둥하게 대답했다.

이 정도의 반응을 보며 허○○ 군은 좋아질 것이라는 확신이 생겼다. 왜냐하면 틱 장애까지 동반한 ADHD 아이들은 상대방과 공감되는 대화를 회피한다. 그런데도 불구하고 "아마 그럴걸요"라는 덧붙이는 말까지 할 수 있다는 것은 감정을 주고받기가 가능한 단계에 이르렀다는 것이다. 곧 최소 두 번 정도 자기 감정을 점검했다는 것이다.

이때부터(한 1개월 경과) 허○○ 군에게 더 가까이 다가가서 그 아이의 틱 장애 증상에 대해서 언급했다.

"너 눈을 왜 깜박여? 그렇게 깜박이면 정말 힘들 텐데."

건성으로 말하는 척하며, 책을 읽었다. 3분 정도 지나고 그 아이는 한심하다는 듯이 나를 바라보고 있었다. 내가 힐끔 바라보자, 그 아이는 정색을 하며 소리를 버럭 질렀다.

"내가 눈을 깜박이고 싶어서 이러는 줄 아세요? 눈을 안 깜박이면 눈이 얼마나 아픈 줄 아세요?"

나는 얼른 그 아이의 손을 잡고 말했다.

"미안해, 나는 눈을 안 깜박이면 아픈 줄 진짜 몰랐어. 내가 사과하는 의미로 너 한 번만 업어줄까?"

안 업힐 줄 알았는데, 그 애는 내 등에 덥석 업혔다. 또래 애들에 비해서 현저히 가벼운 그 애를 업고 말했다.

"왜 눈이 아플까? 내 생각에는 눈을 너무 깜박이면 더 아플 것 같은데, 잠시 눈을 감고 있으면 어떨까?"

며칠 후 그 아이의 눈 깜박임 틱 장애가 없어졌다. 그리고 집단 토론도 가능해졌다.

틱 장애 아이들의 마음속에는 상처가 있을 확률이 높다. 그래서 이들의 마음을 풀어주기 위해서는 '비극'적 정서가 잘 드러난 텍스트를 통해서 치유를 할 때에 효과가 빠르게 나타난다. 내담자 자신도 모르게 자신을 지배하는 슬픔, 아픔, 등의 비극적 정서와 근접한 감정을 깨우칠 수 있게 하기 때문이다.

2. '사이감정' 연습이 필요하다

지금까지 만나온 ADHD 증상 아이들은 대부분 단편적인 내용에 대한 이해가 빨랐다. 관심을 가지는 것에는 집중할 수 있고 짧은 시간의 대화나 활동에는 일반 아이들보다 더 뛰어나다는 특징도 있다. 하지만 ADHD 증상이 있는 아이들은 감정 패턴에 차이가 있다. 이 아이들은 선/악, 좋음/나쁨, 기쁨/슬픔 등의 양극적인 감정을 주로 표현한다. 그래서 이 아이들을 일반화하기 위해 가장 시급한 것은 다양한 감정을 연습시키는 것이다. 특히 극과 극의 감정 사이에 존재하는 다양한 중간 감정이 존재한다는 것을 인식하게 하는 것이다. 이 책에서는 이 중간 감정을 '사이감정'이라고 칭할 것이다.

충분한 감성적 방향 잡기를 배우고 다루는 것을 체험해보지 않으면 감정의 뉘앙스를 적절하게 다스려 쓸 수 없다. '아는 만큼 보인다'는 말이 있듯이, 감정도 느낀 만큼 소통할 수 있다. 다양한 감정을 경험하고 그것을 사용해보지 않으면 매사에 표현의 폭이 매우 좁아지는 것이다. 표현할 수 없는 것은 억압으로 이어질 수밖에 없다. 그러므로 다양한 감정을 느끼게 하는 것도 연습이 필요하다.

옛날에 두 개구리가 살았다. 한 마리는 항구 도시인 부산 근처의 도랑에서 살았고, 다른 한 마리는 서울 근처 한강 옆의 샛강에 살았다. 각기 다른 곳에 살고 있던 두 개구리는 다른 세상에 대해 호기심이 생겼다. 부산 개구리는 서울이 보고 싶었고, 서울 개구리는 부산이 보고 싶었던 것이다. 그들은 따뜻한 봄날 보고 싶은 도시를 향하여 설레는 마음으로 각각 출발했다.

그들은 부지런히 뛰고 걸어서 대전의 어느 산꼭대기에 도착했다. 하지만 그들은 키가 작아서 멀리 보고 싶은 곳을 볼 수 없다는 아쉬움에 발을 동동 굴렀다. 그때 서울 개구리가 동시에 일어서서 서로를 잡아주자고 하였다.

두 개구리는 자신들이 보고 싶은 방향을 향해 섰다. 서울 개구리는 부산 개구리의 어깨에 앞발을 올리고 부산 개구리는 서울 개구리의 어깨에 앞발을 올렸다. 두 개구리는 자신들이 눈이 향해 있는 위치를 잘 몰랐다. 일어서면 눈은 뒤쪽을 보게 된다는 것을 몰랐던 것이다. 그들은 결국 자신이 떠나온 고향을 바라보게 되었다.

일본의 전래동화 「두 마리 개구리」이다. 다양한 결핍을 보이는 드림스타트 배려 대상 아동들의 수업 자료로 사용한 것이다. 이 이야기는 사이감정을 연습하기에 용이하다. 이야기 속에 '그리움' '아쉬움' '설렘' '어리석음' 등의 감정이 나온다. 생각하기에 따라서는 '황당함' 등의 감정도 개입될 수 있다.

내담자들에게 이 개구리 흉내를 내보게 했다. 두 명씩 서로의 어깨에 손을 얹고 고개를 뒤로 젖히게 한다(자연스러운 스킨십 유도). 내담자들이 고개를 뒤로 젖히면 '아쉬움' '그리움' '설렘' '어리석음' '황당함' 등의 낱말을 하나씩 보여준다. 그리고 자신이 본 낱말과 관련하여 개구리 우화에 대해 이야기해보게 한다.

내담자에게 이 개구리를 보고 느낀 감정(감정이 아닌 것도 있음)을 말하게 한다.

- 나쁘다
- ××××××××(욕설)
- 미친 개구리들
- 바보

이러한 대답은 예상된 것이다. 이들이 충분히 하고 싶은 말들을 할 시간을 준 다음, '그리움' '아쉬움' '설렘' '어리석음' '황당함'이 적힌 카드를 보여준다.

이 감정을 이해할 수 있는 내담자에게만 이 중 한 장의 카드를 보여주고, 그 외의 내담자들이 알아맞히게 하는 방법으로 사이감정 갖기 연습을 진행한다.

'그리움' '아쉬움' '설렘' '어리석음' '황당함' 등의 감정 연습을 한 다음에 다시 두 개구리를 평가해보게 한다.

- 개구리는 자기가 바라본 곳이 자기가 살았던 마을과 똑같아서 매우 '황당'했을 것이다.
- 개구리는 다른 곳을 그리워하는 것 같다.
- 개구리는 자기의 눈이 어디에 붙어 있는지도 모를 만큼 어리석은 것 같다.

그다음, 내가 이런 행동을 했던 적이 있었는지에 대해서 자연스럽게 대화한다. 이런 친구를 본 적이 있거나 또는 이와 비슷한 행동을 하는 친구가 있다면 무슨 말을 해주고 싶은지 묻는다.

치료사가 새로운 것을 해본 아이들의 기분이 유지된 채로 진행하는 것이 매우 중요하다. 치료사가 먼저 이런 어리석은 행동을 한 개구리가 '참 밉네요'라고 말한다. 아이들의 반응을 살피면서 그들 가운데 '미운 것은 아니지요'라는 말이 나오도록 유도한다.

이와 같은 프로그램은 인간에게는 다양한 사이감정이 존재한다는 것을 인식하게 한다. 이 인식은 불안에서 오는 분노와 두려움 등의 감정에서 자유롭게 하는 데 효과가 있다. 또한 '좋은 것'이 아닌 것은 모두 '나쁜 것'으로 치부하는 생각 패턴에 변화를 준다. 특히 ADHD 증상을 보이는 아동들은 대부분 다양한 사고를 할 수 없는, 억압이 심한 환경에서 자랐음을 알 수 있었다. 독서를 많이 하면서 자란 아동도 그에 대한 적극적인 이해가 없었으므로 극단적인 감정과 감정 사이를 오갈 수밖에 없었다. 그에 따라 행동도 극단적으로 나타나는 것이 당연하다.

3. 환상으로의 탈출구

ADHD 증상을 보이는 아동들은 지능 면에서 아무런 문제가 없다. 내가 만난 아동들은 대부분 오히려 지능이 높은 편이었다. 그만큼 이 아이들에게는 논리적으로 생각할 수 있는 힘이 있다. 하지만 이 아이들에게는 동심이 결여되었다. 이 아이들의 동심을 지켜주는 것은 환상을 심는 기초 단계에 해당한다. 환상은 상상력이라고도 할 수 있는데 어릴 때의 상상력을 키워주려면 어른들의 세심한 배려가 필요하다. 어린 시절, 동심이 활성화되지도 않은 상태에서 어른스러운 판단부터 배우게 되면 무슨 일에 부딪쳤을 때 그것이 눈앞에서 해결되지 않을 경우 부정과 불신에 빠지게 된다.

누가 어린이들의 동심의 세계를 짓밟았을까? 무엇이 동심의 세계를 대신했는가? 그 장본인은 어린이가 최초에 만난 가까운 사람들일 가능성이 크다. 옛날 아이들은 충분한 기간 동안 환상 속에서 살았다. 할머니가 들려주는 이야기 속에는 초월적인 힘을 가진 인물, 요술 항아리, 요술 구슬 등이 등장한다. 이야기 속의 인물들은 어떻게든 구원자나 신비로운 물건의 도움을 받아 어려움을 극복해 나간다. 환상을 적당하게 꿈꾸며 자랐던 사람은 현실에서 부딪치는 일들로 크게 놀라거나 힘들어하지 않는다. 이것은 정신적인 자유이다.

하지만 요즘 아이들은 환상을 꿈꾸는 기간도 짧고 긴장을 풀고 편하게 놀아도 되는 시일도 짧아졌다. 이 아이들에게 닥친 불안과 억압이 다양한 반복 행위의 틱 장애로 나타나고 있는 것이다. 그래서 아이들에게 환상이 있는 이야기를 접하게 해주는 것은 매우 중요하다.

요즘 우수문학도서로 뽑혀 각 도서관으로 들어오는 우리나라 창작동화에는 대부분 환상이 탈락되어 있다. 단순한 일상생활의 에피소드를 담은 동화들이 주를 이룬다. 내용에도 교훈이 강조되어 있다. 대조적으로 외국에서 들여온 창작동화에는 환상이 필수적으로 삽입된다. 나는 줄리아 크리스테바의 연구에 공감한다. 그는 불안이 그에 맞는 환상으로 도피하지 못하면 자해나 자살로 이어질 수 있다고 언급하였다.

이와 같은 맥락에서, 우리나라의 동화에서 환상이 결여되는 추세는 그리 환영하기 어렵다. 오늘날 우리나라가 행복지수가 매우 낮은 국가에 해당한다는 연구 결과를 볼 때, 우리나라 어린이들의 동화책(이야기) 읽기(듣기)를 점검해봐야 할 것이다.

앞서 이야기했던 허○○ 군의 사례를 다시 이야기하겠다. 그 아이에게는 눈깜박임 틱 장애가 있어서 가장 마음이 쓰였다. 그런 만큼 틱 장애 증상부터 없애주고 싶다는 생각이 간절했다. 그래서 전래동화「여우로 변한 누이동생」를 다섯 명의 아이들과 함께 읽었다.

먼저「여우로 변한 누이동생」를 그림책으로 읽게 한 다음, 내가 또 이야기 형식으로 짧게 줄여서 들려주었다(ADHD 증상이 있는 아이들은 긴 이야기에 집중하지 못한다). 이때 말에 악센트를 주어야 한다. 악센트를 사용할 때에는 규칙성이 있어야 한다. 중요성이 있는 낱말에 악센트를 써야 한다.

세 아들을 둔 부자 영감이 있었다. 영감은 딸 하나를 얻고 싶었다. 그래서 계속 백일기도를 드렸고, 그 소원이 이루어져 딸 하나를 얻게 되었다. 매우 행복했다. 그러나 딸이 자라고 나서부터 집안의 가축들이 한 마리씩 죽어갔다. 영감은 세 아들에게 가축들이 죽어가는 이유를 알아보라고 했다.

첫째와 둘째가 밤을 새워 지켜보니 누이동생이 여우로 변해서 가축들을 한 마리씩 잡아먹고 있었다. 아버지에게 그 사실을 말씀드렸으나 영감은 믿지 않고 첫째와 둘째를 쫓아냈다. 셋째는 쫓겨나기 싫어서 거짓말을 했다.

쫓겨난 두 아들은 신령님을 만나 공부를 했다. 집으로 돌아가기로 한 날, 신령님은 형제에게 세 개의 마법 호리병을 주었다. 빨간색, 노란색, 파란색 호리병이었다. 그것을 집어던지면 살 수 있을 거라는 말을 듣고 두 형제는 집으로 돌아간다. 그러나 집은 텅 비어 있었고 누이동생만 있었다. 가족들이 모두 죽었다는 것이다. 두 아들은 생각했다. '이년이 가족들을 다 잡아먹었구나! 괘씸한 년!' 그들은 목이 마르다고 물을 떠다 달라고 말했다. 누이가 물을 뜨러 간 사이 두 형제는 호리병들을 챙겨서 도망갔다. 눈치챈 누이는 잽싸게 여우로 변신해서 뒤를 쫓았다. 누이가 점점 가까워지자 두 형제는 노란 병을 던졌다. 깨진 병에서 가시덤불이 나왔고 여우 누이는 가시에 찔려 피를 뚝뚝 흘리면서도 뒤를 쫓아온다. 이번에는 빨간 병을 던졌는데 이번엔 사방을 불바다로 만들었고, 여우 누이는 불에 데면서 계속 쫓아온다. 마지막으로 파란 병을 던지자 사방이 물바다가 됐다. 여우 누이는 결국에 물에 빠져 허우적거리다 죽는다.

이 전래동화에는 환상성과 비극성이 있한다. 먼저 쉽게 드러난 환상성은 노란 호리병, 빨간 호리병, 파란 호리병이다. 색깔마다 구원하는 방법이 다르다. 감정 체험하기 프로그램을 진행하면서 노란 공, 빨간 공, 파란 공을 준비하였다. 내담자들에게 이 이야기를 하게 하면서 해당하는 대목에서 공을 힘껏 던지게 했다.

프로그램에서는 이 전래동화의 비극성을 최대한 활용했다. 이 이야기에서 가축들을 모두 잡아먹고 부모님까지 잡아먹는 여우는 여동생이기도 하다. 즉 이 여우는 마음 편하게 제거할 수 없는 인물이다.

나는 내담자에게 진지하게 물었다. "이 여우가 내 형제라면 어떻게 할 것인가?" 내담자들은 "그래도 당연히 죽여야지요"라고 말하지만 그들이 선/악의 단순함을 넘어서서 인식하고 있다는 것을 알 수 있었다.

계속해서 부연 설명을 했다. 왜냐하면 굵은 감정들 사이에 존재하는 감정들을 인식하게 하기 위해서이다. 이야기를 선/악의 대립이 아닌 여동생/여우의 관계로 끌어오기 위해서이다.

'그 여우는 여러분과 같은 피가 흐르는 형제이다. 그런데 부모님이 아기를 갖게 해달라고 기도할 때 악마의 정령이 씌어서 그때 인간과 여우의 성질을 동시에 가지고 태어났다.'

이러한 의도의 부연 설명을 들은 내담자들의 대답은 다음과 같이 달라진다.

선/악 대립적 생각	중립적 생각
• 여우를 꼭 죽여야 해요 • 당연히 동생을 죽여야 해요	• 어쩔 수 없이 여우를 죽여야 해요 • 그래도 여동생이 더 이상 둔갑을 못하게 해야 해요

4. 나만의 신호 찾기

틱 장애나 그와 비슷한 종류의 반복 행동들은 불안에 대한 하나의 신호이다. 그래서 이것을 대체할 만한 다른 신호를 찾아주는 것이 해결 방법이라는 짐작이 가능하다.

ADHD 증상이 일시적으로든 지속적으로든 나타난다는 것은 그 아이 안에 견딜 수 없는 불안이 존재한다는 뜻이다. 불안은 그것을 대체할 대체물을 찾았을 때 극복될 수 있다.

다음은 헤르만 헤세의 『데미안』이다. 강조하자면, ADHD 증상이 있는 아이들은 부정의 말을 몹시 싫어한다. 그리고 긴 내용을 집중하여 듣지 못하고 읽지 못하는 특성이 있다. 그래서 선택한 문학작품은 최소한 줄여서 사용해야 한다.

> 　그는 나에게 내일까지 돈을 10만 원 가져오라는 말을 남기고 무서운 눈초리로 나를 노려보더니 어둠 속으로 사라졌다. 나는 다리가 후들거려서 집 안으로 들어갈 수조차 없었다. 저 아이를 만나서 말 한마디 실수로 나는 악마에게 사로잡혔다. 저들이 훔치고, 때리는 것을 잘하는 것을 자랑 삼아 말하는 것에 휩쓸렸다. 나도 이들의 영웅담에 끼고 싶었다. 그래서 훔치지도 않은 과수원의 사과를 훔쳤다고 자랑스럽게 말하고 말았던 것이다. '집을 나가서 다른 곳으로 가버릴까? 물에 빠져 죽어버릴까?' 하는 생각이 들었다.
>
> 　나는 뒤란에 쭈그리고 앉아 훌쩍거렸다(다리를 덜덜덜 떨면서). 이때 장작을 가지러 내려왔던 하녀가 울고 있는 나를 보았다. 나는 그녀에게 아무에게도 말하지 말라고 부탁한 뒤 위층으로 올라갔다.
>
> 　유리문 오른쪽에 아버지의 모자와 어머니의 양산이 걸려 있었다. 이것들을 보고 마음이 편안해졌다. 그러나 이 편안함은 아버지와 어머니의 것일 뿐이다. 나는 죄를 지어 악마에게 발목이 잡혔다. 악마의 죄에 휘말리고 모험의 위험과 불안에 벌벌 떠는 신세가 되었다.

내담자들에게 다리를 덜덜덜 떨어보라고 한다(ADHD 증상을 가진 아이들은 대부분 다리 떠는 증상을 겸하고 있다). 내담자들은 처음에는 황당해하다가 집단으로 다리를 떠는 것을 매우 즐거워할 것이다.

다리를 떠는 것에 흥미가 없어질 정도가 되면, 이 행동을 자연스럽게 멈추게 하고, 위의 지문을 읽게 한다. 책 읽는 것에 익숙하지 않는 아이들에게는 소리 내어 읽게 하는 것이 더 효과적이다.

그러고는 '다리를 덜덜덜 떨면서' 읽었던 부분을, 손뼉을 치면서 읽게 하거나 소고를 두들기면서 읽게 한다. 이즈음 내담자는 자신의 불안에 대해서 표출할 만큼 준비가 되었다.

그 다음 "아버지의 모자와 어머니의 양산이 걸려 있었다. 이것들을 보고 마음이 편안해졌다"를 활용할 차례이다. 내담자들에게 나 마음을 편안하게 하는 물건을 골라보게 한다. 그리고 그 물건의 이미지를 그려보게 한다. 만약 마음을 편하게 하는 물건이 없다고 말하거나 그리지 못하는 내담자에게는 '아버지의 모자와 어머니의 양산'을 그리게 한다. 될 수 있으면 휴대폰, 게임기, 컴퓨터 등의 전자 기기는 제한하도록 한다. 나는 내담자들을 편하게 해주는 물건을 그리게 하면서, 그 아이들이 자신의 불편한 점에 대해서 많은 이야기를 쏟아내도록 하였다.

여자아이들은 인형을 주로 택하였고, 남자아이들은 축구공이나 야구방망이 등을 택하였다. 내담자들이 그 물건을 택한 이유에 대해서 말해보게 하고, 살짝 기록을 해둔다. 내담자의 상태가 호전되지 않을 경우, 그 보호자와 면담할 때에 중요한 단서를 찾을 수 있을 것이다.

그다음에는 『데미안』의 주인공이 부모님이 사용하던 모자와 양산을 보며 안심을 하는 장면에 대해서 토론한다. 나도 이러한 상황이 되었다면, 부모님의 어떤 물건에서 위안을 얻을 것인지에 대해서 말해보게 한다.

더 나아가 내담자 주변의 자연물들과 대화하는 것으로 나아간다. 자연물과 대화하는 것에 대한 꾸준한 반복은 '대화식 명상' 효과로 이어진다.

5. 반복의 쾌감

서정은의 논문 「20세기 이후 무조음악에서의 '반복'을 통한 새로운 유기성 창출」에 의하면 '반복'의 효과는 '재인식을 통해 얻는 쾌감'에 해당한다. 프로이트도 언어를 강박적으로 반복하면 반복 자체로 쾌락을 느낄 수 있다고 말했다.

나는 이러한 반복의 효과를 문학치유에 활용하였다. 인간은 반복적인 행동들을 통해서 충분히 쾌감을 느끼기 때문이다. 반복적인 표현은 우울하고 자폐적인 내담자의 내부에 도사린 감정을 배설시키는 기능을 한다는 것을 경험할 수 있었다.

케이티 슬레이트의 동화 『공주님, 누구랑 놀아요?』는 공주가 일상이 지겨워서 여기저기 기웃거리는 사소한 이야기이다. 먼저 임금님 방에 가서 놀자고 하지만 거절당한다. 왕비님의 방에 가서 놀아달라고 하지만 역시 거절당한다. 공주는 하는 수 없이 식당의 요리사들을 찾아갔다. 요리사들은 파티 준비를 하느라고 바빠서 공주랑 놀아줄 수 없었다. 그때 공주는 채소밭에서 일하는 아이들을 보게 된다. 공주는 그 아이들과 밭일을 하면서 박자를 넣어서 움직이게 된다. 당근을 뽑을 때는 '당당당'이라고 외치고, 양배추를 뽑을 때는 '양양양'이라고 외치며, 그 모양대로 빙그르 돌려 뽑는다. 이렇게 공주가 합세하여 채소들의 특성에 맞추어 노래를 부르며 일을 한다. 공주는 공놀이하는 것보다 더 즐거웠다고 말한다.

나는 이 동화를 내담자들에게 리듬을 넣어서 읽어주었다. 그리고 채소 이름을 쓴 학습지를 나누어주었다.

파는 ＿＿＿＿＿＿＿ 하고 뽑습니다.

무는 ＿＿＿＿＿＿＿ 하고 뽑습니다.

시금치는 ＿＿＿＿＿＿ 하고 뽑습니다.

고구마는 ＿＿＿＿＿＿ 하고 뽑습니다.

내담자들에게 빈칸을 채우고 큰 목소리로 손뼉을 치면서 읽게 했다. 예상대로 다음과 같은 답들이 나왔다.

파는 파파파 하고 뽑습니다.

무는 <u>무무무</u> 하고 뽑습니다.

시금치는 <u>시시시</u> 하고 뽑습니다.

고구마는 <u>고고고</u> 하고 뽑습니다.

시금치는 <u>치치치</u> 하고 뽑습니다.

고구마는 <u>마마마</u> 하고 뽑습니다.

ADHD 증상을 보이는 아이들은 조금만 통제를 가해도 '~때문에'라는 말을 자주 한다. 무언가의 억압으로 인한 피해의식에 사로잡혀 있음을 알 수 있다. 그래서 이들은 억압을 견디기 위해서 단순한 동작을 반복하려고 한다. 이 동작을 '단순한 반복의 말'로 바꾸어주는 것은 실제로 큰 효과가 있다. 이 아이들은 자신이 지시를 따라서 타인과 호흡을 맞출 수 있다는 것만으로도 표정이 밝아진다.

6. '~때문에'에서 '~덕분에'로

ADHD가 있다고 보는 아이들은 대부분 말에서부터 표가 난다. 이 아이들은 대화를 길게 하려고도 하지 않지만, 매사에 짜증을 내면서 '~때문에'라는 말을 달고 산다. 이 표현으로 아이들의 의식 속에 피해의식이 항상 도사리고 있다는 것을 알 수 있다. 내담자인 아이가 치료사를 신뢰한다는 느낌이 있을 때, '때문에'를 넣어서 하고 싶은 말을 쓰거나 말해보게 한다. 1학년 또는 더 어린 아이들은 글을 자유롭게 쓰지 못한다. 그래서 내담자의 상황에 따라서 '쓰기' 또는 '말하기'를 선택하는 것도 매우 중요하다. ADHD, 학습장애가 있는 어린이들은 자신의 불안이나 분노를 표출할 수 있는 언어나 제스처가 다양하지 않기 때문에 말을 반대로 하거나 탓하는 말을 많이 한다. 어린아이라고 하여 함부로 대하는 가정과 사회 곳곳에서 성장해야 하는 이 아이들의 불안과 분노는 얼마나 크겠는가.

나는 큰 종이에 '~때문에'라고 가득 써놓고, ~에 해당하는 사람을 모두 쓰라고 했다. ADHD 증상이 있는 아이들에게 처음부터 자신에게 피해를 입힌 사람을 쓰라고 하면 오히려 더 거부반응을 나타낸다. 그래서 문학작품을 통해서 내담자의 감정을 유연하게 하는 것은 건너뛰어서는 안 되는 중요한 과정이다.

'~때문에'라는 표현을 하게 하는 것은 아이들의 감정 상태나 그 정도를 짐작하기에 매우 유용한 방법이다. 또한 감정 정화라는 기본적인 기능을 하기도 한다.

나는 내담자들에게 물었다. 『공주님, 누구랑 놀아요?』에서 공주는 누구 때문에 화가 났을까요?'

- 아바마마 때문에
- 어마마마 때문에
- 요리사 때문에

- 아버지 때문에

- 어머니 때문에

- 요리사 때문에

- 아빠 때문에(점차 내담자가 사용하는 어휘로 대체시켜
  준다)

- 엄마 때문에

- 이모 때문에

최소한 다섯 개 이상 반복되는 말로 바꾸어서, 소리를 내어 표현할 수 있게 해준다. 반복은 경직된 감정을 자연스럽게 풀어주는 기능을 한다. 또한 침체되어 있는 감정을 끌어올리기 위해서 치료사가 손뼉을 치거나 고개를 끄덕이는 등의 방법으로 내담자가 말을 할 수 있도록 유도해야 한다(악기 등을 사용하는 너무 의도적인 방법은 오히려 거부반응을 일으킬 수 있다). 나는 먼저 손뼉을 치면서 내담자가 할까 말까 고민할 틈을 주지 않고 말할 수 있게 했다.

정신적 장애 증상이 있는 사람들은 타인과의 모든 소통에서 망설이는 특징이 있다. ADHD 증상이 있는 아이들도 마찬가지이다. 그래서 치료사는 문학치유 프로그램을 진행할 때에 내담자가 할까 말까 고민할 수 있는 틈을 주지 않고 좀 빠르게 진행할 필요가 있다.

여기서부터는 본격적으로 내담자 자신의 직접적인 마음과 연관

하여 치유 프로그램을 진행할 수 있다. ADHD 증상이 있는 아이들은 사람에 대한 신뢰가 없기 때문에 사람을 갈망하면서도 가까워지는 것에 불안을 느낀다. 그래서 이 아이들은 가까운 접촉을 무의식적으로 피한다. 그리고 누군가의 지적이나 교훈적인 말을 회피한다. 이러한 마음 상태를 연관 지을 수 있는 이야기는 다음과 같다.

원숭이의 나무 타기 솜씨는 동물들 사이에서 칭찬이 자자했어요. 재빠르게 날아서 나무 위를 기어오르고, 나뭇가지를 잡고 흔들거리면서 다른 나무로 건너가는 모습은 마치 곡마단의 묘기를 보는 것 같았지요. 그런데 어느 날 원숭이가 나무 위에 앉아서 손으로 엉덩이 주위를 긁고 있는 게 아니겠어요?

기린이 원숭이에게 다가가 물었어요. "원숭아, 나 좀 봐. 너 도대체 뭘 하고 있는 거니?"

"쬐그만 종기가 났어요. 큰일은 아니에요." 원숭이는 별일 아니라는 듯이 또 나뭇가지를 흔들흔들하면서 건너편 나뭇가지로 옮겨갔습니다.

이틀이 지났습니다. 원숭이의 엉덩이에 난 종기는 손가락만큼 커져버렸어요. 양이 원숭이에게 말했습니다. "원숭아, 어디 코끼리 의사를 찾아가서 치료를 받아봐." 붉은 말도 다가와 동조했습니다. "병이 났을 땐 서둘러 치료를 해야 빨리 좋아진단다. 심각해졌을 때 치료하면 골치 아파."

사슴도 원숭이를 찾아와 어서 의사에게 가라고 얘기했지요. 그러나 원숭이는 도리어 화를 내는 것이었어요. "너희들은 그렇게 한가하니? 내 몸과 마음은 내가 더 잘 알아. 너희들과 무슨 상관이 있어? 남 일에 상관 말아."

사흘이 지나자 원숭이의 종기에서는 피고름이 흘러나왔습니다.

그러자 종기가 난 곳에 파리가 내려앉았습니다.

"빨리 코끼리 의사를 찾아가라. 파리가 앉았으니 그곳에 알을 깔 수도 있어. 그럼 상처에 구더기가 끓을 거야."

하지만 원숭이는 여전히 다른 동물들의 말을 들으려 하지 않고 오히려 잘난 체를 했습니다. "이러다 낫겠지 뭐. 이 작은 병에 내가 죽기라도 할까 봐. 날 너무 얕잡아보는군."

종기에 내려앉은 파리들은 좋아 죽을 지경이었습니다. "그래, 그들이 너를 위해 무엇을 할 수가 있겠니? 오히려 우리가 너의 진한 피를 빨아주니 피가 맑아져서 너의 고통이 훨씬 줄어들 거야!" 원숭이는 파리의 말이 더 솔깃했습니다.

열흘이 지나서 종기는 짓무르기 시작하여 그는 아파서 앉지도 못할 정도가 되었습니다. 스무 날이 지나고 나쁜 병균이 몸 전체로 번지고 말았습니다. 그때는 코끼리 의사가 와도 소용이 없었습니다.

이 이야기를 읽고 "원숭이는 누구 때문에 더 아파해야 하나요?"라고 물었다. 당연히 '파리 때문에'라는 답변이 나온다.

나는 '기린 때문에' '양 때문에' '사슴 때문에'라고 먼저 말했다. 내 담자들은 머뭇거리면서 "파리 때문 아닌가요?"라고 오히려 되물었다. 나는 "우와! 기린하고, 양하고, 사슴이 잘난 척하는 것 같네"라고 말하면서 웃었다.

ADHD 증상이 있는 아이들은 사람에 대한 불신 때문에 타인과 정상적으로 소통하지 않으려는 경향도 있고, 상대방의 관심을 끌기 위해서 비정상적인 말과 행동을 하려는 경향도 있다.

위와 같은 치료사의 옳지 않은 말은 이들의 생각을 대변하는 기능을 하여 궁극적으로는 이들의 마음을 이해하는 소통으로 이어진다. 치료사와 내담자의 관계는 매우 중요하다(문학치료사와 내담자 간의 전이와 역전이 참조).

아이들은 '~때문에'라는 말을 일삼는다. 그것을 '~덕분에'라고 고쳐주는 것은 쉽지 않다. 하지만 이 아이들의 '~때문에'라는 말 속에는 '~덕분에'를 갈망하는 마음이 함께 들어 있다는 사실을 꼭 기억하길 바란다. ADHD 증상이 있는 아이들의 마음속에는 불안과 부담이 크게 자리하고 있다. 이러한 실체가 부산스러운 행동과 반항적인 말로 나타난다.

다음 전래동화를 읽으며 '~덕분에'라는 말을 사용하는 방법에 대해서 말해보겠다.

농가에는 여러 동물들이 살아간다. 사람의 집에서 사람과 함께 살아간다고 하여 '가축'이라고 부른다.
"꼬기요오." 새벽에 닭(꼬끼오)이 목을 길게 빼고 울었다.
"일어날 시간이구나."
농부는 이 닭의 알람에 맞추어 일어났다.
"자, 밭 갈러 가자."
농부는 외양간에서 소(움머)를 끌어냈다.
"이랴, 이랴."
"움머."
"멍멍멍." 강아지(멍멍멍)도 꼬리를 흔들면서 따라왔다.
"너는 집을 지켜야지."
농부 아저씨가 강아지(멍멍멍)를 보고 말했다.

"찍찍찍, 야, 이제 우리 세상이다."

"얼른 광으로 가서 쌀을 훔쳐 먹자."

마루 밑에서 쥐(찍찍찍)들이 소곤대면서 기어 나왔다.

"와, 고양이(야옹)다."

앞서 가던 쥐(찍찍찍)가 입을 딱 벌렸다. 쥐(찍찍찍)들은 고양이를 피해서 살금살금 걸어갔다.

"야옹! 내가 모를 줄 알고? 이 못된 도둑 쥐(찍찍찍)들아, 모두 잡아먹을 테다!"

갑자기 고양이(야옹)가 눈을 번쩍 뜨고 발톱을 드러냈다.

"찍찍, 달아나자."

논에서 돌아온 농부 아저씨는 동물들에게 먹이를 나누어주었다.

"밭을 가느라 힘들었지? 많이 먹고 푹 쉬어라."

소가 느릿느릿 지친 걸음으로 외양간으로 들어갔다.

"아침 일찍 나를 깨워줘서 고맙다."

아저씨는 닭(꼬끼오)에게 모이를 듬뿍 주었다.

"야옹아, 쥐(찍찍찍)를 많이 잡았니?"

"멍멍아, 집을 잘 지켰구나."

농부 아저씨는 모두를 칭찬해주었다.

이 장면을 지켜보던 돼지(꿀꿀꿀)가 말했다.

"흥, 나도 아저씨를 도울 수 있어."

'내일 아침에는 내가 아저씨를 깨워드려야지.' 돼지(꿀꿀꿀)는 굳게 마음을 먹었다.

그러나 돼지(꿀꿀꿀)는 쿨쿨 늦잠을 자고 말았다.

'흥, 늦잠 자면 어때? 짐을 지고 장에 가면 되지.'

돼지(꿀꿀꿀)는 짐을 지려고 낑낑댔다. 짐을 지고 뒤뚱대던 돼지(꿀꿀꿀)는 그만 앞으로 고꾸라졌다.

'흥, 짐을 못 지면 어때? 집도 지키고 쥐(찍찍찍)도 잡으면 되지.'

돼지(꿀꿀꿀)는 마당에서 어슬렁거리다가 쥐들을 보았다. 쥐(찍찍찍)들은 마루 밑으로 쏙 들어갔다. '쿵!' 돼지(꿀꿀꿀)는 마루 끝에 코를 부딪히고 말았다.

'흥, 쥐(찍찍찍)를 못 잡으면 어때? 밭을 갈면 되지.'

돼지(꿀꿀꿀)는 쟁기를 끌어보았다. '끙끙.' 쟁기는 꼼짝도 안 했다. 돼지(꿀꿀꿀)는 털썩 땅바닥에 주저앉았다.

"훌쩍훌쩍, 나는 아무 데도 쓸모가 없어."

농부 아저씨가 장에서 돌아왔다.

"음식 찌꺼기가 많이 쌓였구나. 어떻게 치우지?"

농부 아저씨가 중얼거렸다.

"꿀꿀꿀."

"그래, 네가 먹으면 되겠구나."

돼지(꿀꿀꿀)는 음식 찌꺼기를 말끔히 먹어치웠다.

"얘들아, 나도 쓸모가 있어."

돼지(꿀꿀꿀)가 배를 탕탕 두드리면서 말했다.

내담자들에게 이 이야기를 재미있게 들려준다. 그다음에 이 이야기가 적힌 학습지를 나누어주면서 치료사가 '닭'에 대해서 읽을 때 내담자는 괄호 안의 흉내내는 말을 읽게 한다. ADHD를 치료받아야 할 대상은 대부분 어린이들이기 때문에 치료사의 역할이 매우 중요하다. 이 아이들은 집중할 수 있는 시간이 매우 짧기 때문에 이들이 쉽고 재미있게 할 수 있는 역할을 계속 만들어주는 것이 치료의 핵심이다.

내담자들은 나와 주고받으며 읽는 것에 흥미가 생겨서, 중간 부분에서는 그들이 먼저 앞서 가면서 '꼬끼오' '꿀꿀꿀' 하기도 했다. 약간 소란스럽고 무질서해지는 순간, 치료가 성공적으로 진행되고 있다고 보면 된다.

이때에 치료사가 "농부 아저씨가 행복하게 살 수 있는 것은 누구 덕분인가?"라고 묻는다. 당연히 다음의 답들이 나올 것이다.

- 닭 덕분에
- 소 덕분에
- 강아지 덕분에
- 고양이 덕분에
- 돼지 덕분에

여기에서 치료사는 때를 놓쳐서는 안 된다. 이 분위기를 한껏 몰아서 "그렇다면 여러분이 배부르게 밥을 먹을 수 있는 것은 누구 덕분인가요?"라고 묻는다.

- 엄마 덕분에
- 아빠 덕분에
- 할머니 덕분에

나는 ADHD 증상을 가진 아이들이 대부분 '~덕분에'라는 말을 한 번도 해보지 않았다는 말을 듣고 깜짝 놀랐다. 말이 인간의 생각이나 행동까지도 지배한다는 것을 실감했다.

이와 같은 과정을 매일 반복하여 치유 프로그램을 진행하면서 상태가 호전되면 '~덕분에'에 더욱 치중하도록 했다. 내담자들이 '~덕분에'라는 말을 자연스럽게 자주 하게 되면 신기하게도 그들의 행동도 매우 차분해져 있는 것을 볼 수 있었다.

문학치유는 일상에서 이루어져야 한다. 독서를 통해서 독자(내담자)는 마음이 폭발하고 가슴이 뛰어야 한다. 그것은 감동이어도 되고, 분노여도 되고, 공포여도 된다. 그 감정의 움직임을 통해서 내담자의 마음이 움직이면 족하다. 항상 고여 있는 마음이 문제이기 때문이다.

'~때문에'에는 많은 의미가 응축되어 있다. 이 '~때문에'라는 말을 사용하면서 그나마 마음의 응어리를 풀고 있는 것이다. ADHD 증상을 그대로 방치해두고 자라면 과대망상으로 나아간다. 내가 만나온 아이들은 약간만 부딪쳐도 과장되게 큰 소리로 불만을 호소한다. 이는 누군가에 의해서 피해를 입었다고 생각하고 있는 것이다.

내가 경험한 내담자 중 ADHD 증상이 있는 아이들의 상황은 피해망상과 과다망상으로 요약할 수 있었다. 매사에 '~때문에'라고 생각하는 심리에는 '~만' 아니면 자신이 피해를 당하지 않을 것이라는 피해의식이 들어 있다. 또한 '~때문에'는 '~만' 없으면 자신이 최고로 인정받을 수 있을 것이라는 의미이기도 하다. 즉 피해망상과 과대망상이 동시에 나타날 수도 있고, 한 가지 증상만 나타날 수도 있다.

ADHD 증상이 호전되거나 치유되는 아이들은 먼저 말이 바뀐다. '~때문에'라는 말을 사용하지 않는다. 또한 부산스럽거나 반복적인 행동을 하지 않는다. 그런데 아쉬운 점은 이들의 말이 '~덕분에'로 바뀌기가 어렵다는 사실이다.

ADHD 증상이 있거나 실제로 ADHD가 있는 아이들을 교육과 훈련만으로 덮거나 눌러서 해결되었다고 착각하기도 한다. 하지만 이대로 방치하면 중학생이 되어 또다시 폭력을 행사하거나 왕따를 당하는 형태로 나타날 수 있다.

3장 우울증을 예방하고 치유하는 문학치유

예전에 일반인을 대상으로 '우울한 일상 탈출을 위한 독서치유' 프로그램을 운영한 적이 있다. 광고가 나가자마자 예상을 뛰어넘는 전화 문의가 빗발쳐서 깜짝 놀랐다. 물론 이들을 모두 이 프로그램에 참여하게 할 수는 없었지만, 우리 주변에 우울증 환자가 너무도 많다는 사실이 충격적이었다. 우울증이라고 스스로 느껴서 전화를 한 것보다도 주위에서 먼저 인식하고 상담을 요청한 사람도 적지 않았다.

또한 사람들이 우울증 증상을 느끼더라도 치료를 받거나 프로그램에 참여하는 것을 꺼려한다는 것을 알게 되었다. 우울하다는 말은 쉽게 하면서 그 '우울' 증상을 치료해야 한다는 것에 대해서는 주저하는 것이다.

우울 증상이 심해질수록 그들은 삶/죽음, 사랑/증오, 기쁨/슬픔이라는 극단적인 감정을 느끼다가 더 심각해지면 죽음, 증오, 슬픔

의 감정에 매몰된다. 우울 증상을 완화시키거나 치유하기 위해서
쉽게 접근할 수 있는 방법은 감정과 감정 사이에 놓인 생각과 정서
를 훈련하는 것이다. 이 훈련에 문학, 쉽게 말해서 이야기가 필요
하다.

우울증을 자신의 의지로 치유하고자 애쓰는 사람들이 우울증에
대한 이론서들을 거의 섭렵하고 있다는 말을 듣고 놀랐다. 하지만
이론서에서 얻는 깨달음은 그들의 감정을 일시적으로 다스릴 수는
있으나, 궁극적인 치유책은 되지 못한다.

1. 우울증이란 무엇인가

1) 우울증의 개념

장 라플랑슈와 장 베르트랑 퐁타리스의『정신분석 사전』에 의하
면, 우울증은 슬픔보다는 즐거움의 결핍이 문제라고 한다. 우울증
환자는 슬픈 영화를 볼 때에는 정상적인 사람과 동일한 반응을 보
이나, 코믹한 영화를 볼 때는 반응이 전혀 다르다고 한다. 이 반응
은 우울증 환자가 정상인보다 즐거움을 훨씬 덜 느낀다는 것을 입
증한다. 또 우울증이 심할수록 감정이 무뎌져서 적게 울고, 증세가
심해질수록 지각 기능까지 떨어지게 된다. 우울함이라는 감정이
지속되면 지각 능력이 저하되며 전반적인 삶의 균형을 잃어버린

다. 결국 우울증의 최후는 자살이라는 자기상실이다.

우울증은 슬픔의 감정, 희망 없음, 무기력감, 죄책감, 자기 비판적 사고, 외부 활동에 대한 흥미 감소 등을 보이는 주관적인 기분 또는 정동을 말한다. 이외에도 심리 운동 활동이 느려지는 현상이나 일반적인 권태, 피로, 성적 욕구의 감소, 식욕 감퇴, 변비, 불면증 등이 수반된다. 또한 어떤 경우에는 불면증 대신 수면 시간이 늘어나거나 식욕이 감퇴되는 대신 과도하게 증가하는 등 반대되는 증상들이 나타나기도 한다. 이러한 신체 증상들은 우울증이 진행되고 있다는 증후이며, 정신과 신체적 질병의 원인이 된다.

이 밖에 우울증 환자를 가장 힘들게 하는 증상은 명확하고 효과적으로 사고하지 못한다는 것이다. 이 부분은 작게는 가족관계에서부터 크게는 사회생활에 이르기까지 심각하게 지장을 준다.

우울증은 자기에 대한 염려의 증가와 더불어 외부 활동과 인간관계에 대한 흥미 감소를 수반한다. 드물게는, 자기의 어떤 측면이 무가치하고 흠이 있거나 병에 걸렸다고 확신하는 건강염려증적 불안을 심각하게 드러내기도 한다. 가장 심각한 형태로는 자기애적 몰두 안에서 일어나는 자기-비판적 사고를 하는 것이다. 이 자기-비판은 내면세계가 황폐화지는 것에 대한 공포 때문에 끝내 자살로 이어진다.

정신분석적 관점에서 볼 때, 우울증의 보편적인 특징으로 자기존중감의 파탄을 든다. 프로이트와 말러(Mahler)는 유아기 때의 분리-개별화 과정에서 어머니의 수용과 정서적 이해가 부족할 때 자기애가 약해진다고 주장했다. 유아기에 자기 존중감을 조절할 수 있는 심리 구조를 발달시키지 못하여 자기 존중감이 약하게 자리 잡은 개인은 외부로부터 주어지는 상황에 확신을 가지며 크게 의존하게 된다. 자존감이 약한 개인은 안정적인 자기 이미지 유지에 필요한 외부 지지를 상실하는 순간 우울해진다.

자기 존중감 조절 실패가 원인인 우울증은 믿었던 대상이 죽거나 스스로 상처를 입었을 때, 또는 대상에 의해 방치되거나 대상에게 실망할 때 발생하기 쉽다. 그리하여 우울증은 무기력감과 무능력감을 느끼면서 자기 비판과 자존감 와해로 진행해가는 특징이 있다. 이 증세는 외부의 대상을 상실하고 비탄에 빠지는 정상적인 감정과는 다르다. 왜냐하면 정상적인 사람은 사랑하는 대상이 사라지거나 또는 그 대상으로부터 상처를 입어도 자존감이 줄어들거나 자기 비난에 사로잡히지는 않기 때문이다.

정신분석학자인 에드워드 비브링의 주장에 의하면 우울증은 고도로 충전된 자기애적 열망과 그것을 성취할 수 없다는 데 대한 자아의 자각 사이 긴장의 결과이다. 이 긴장에 의해 신경세포들 사이의 흐름에도 교란이 생겨 뇌의 기능이 떨어지게 된다. 이것이 바로 우울증의 원인이라는 것이다. 이와 같은 맥락에서 최근 들어 계속 밝혀지고 있는 사실은 우울증 상태가 지속될수록 신경세포의 기능이 계속 떨어진다는 것이다. 심지어 처음에는 스트레스로 인해 유발된 반응성 우울증이라고 해도 이때 받은 스트레스는 뇌에 영구적인 손상을 남긴다. 이처럼 우울증을 심각하게 인식한다는 점에서 정신분석이나 의학계의 입장은 비슷하다. 우울증으로 인해 자살하는 사례가 느는 추세로 보아 개인의 의지로 극복하는 데에 한계가 있을 수 있다는 점도 생각해보아야 한다. 그러므로 일상에서의 회복을 더욱 중요하게 생각해야 한다는 것을 알 수 있다.

오늘날 우리 사회에 우울증이 크게 자리하기까지 우리 사회의 분위기가 큰 몫을 했다고 본다. 우리 사회는 마음이나 감정을 드러내는 것을 수치로 여겨왔다. 감정의 가장 진실한 표현인 눈물을 예로 들어보자. "사나이는 태어나서 세 번만 울어야 한다"라는 말이 있다. 물론 남자를 강하게 키우고자 하는 사회적 함의가 들어 있지만, 이 말은 폭력적이다. 눈물을 억압하는 것은 감정을 억압할 뿐만 아니라 행동까지 억압하기 때문이다. 우리나라 남자아이들은 이런 분위기에서 자라났다. 남자아이는 일곱 살만 되어도 눈물을 함부로 흘렸다간 바보 찌질이라는 놀림의 대상이 되기 십상이다.

스스로 우울하다고 나를 찾아온 내담자들은 대부분 남자들이었다. 그들 중에는 겉으로 보기에 매우 활발해 보이는 사람도 있었다. 사회적으로 왕성하게 활동하면서도 늘 우울감을 떨칠 수 없다는 것이다. 이러한 내담자들을 만나면서 우울증의 급속한 증가에는 우리 사회의 분위기가 크게 한몫을 했다고 생각하게 되었다. 그에 따라 우울증의 치유 역시 역할도 사회 차원에서 이루어져야 한다고 본다. 누구나 우울증을 감기 몸살처럼 드러내놓을 수 있는 분위기를 만들어야 하고, 감정을 쉽게 나눌 수 있는 공간을 확보해야 한다. 그 일환으로서 문학치유가 유익하다.

우울증은 어떤 의미에서는 암보다 무서운 병이다. 이 무서운 병을 문학이 완치할 수 있다고 나서는 것은 너무 무모하다는 생각이 든다. 그래서 이 지면에서는 내가 직접 경험한 사례만을 바탕으로 '우울증 치유'에 대해서 말하고자 한다. 우울증 치유를 위해서 문학이 할 수 있는 가장 적합한 역할은 '자기 감정 인식', '자기 감정 드러내기', '자기 감정 이해', '감정 짝짓기-환상'이다.

2) 우울증에 대한 사회의 인식

사랑하는 대상이 사라지거나 또는 사랑하는 대상으로부터 상처를 입으면 누구나 슬퍼하거나 분노할 수 있다. 하지만 정상적인 사람들은 이 슬픔과 분노 속에 자존감 감소나 자기 비난을 포함시키지 않는다. 반면 우울증인 사람의 슬픔과 분노의 감정 속에는 자존감 감소와 자기 비난이 포함되어 있다. 결론을 말하면, 우울증인 사람의 슬픔과 분노는 현실성이 부족하다.

그렇다면 우울증인 사람의 슬픔과 분노는 어디에서 오는 것일까? 의학계에서는 우울증에 대해서 어떤 정신적인 원인에 의해서 신경세포들 사이의 흐름에 교란이 생겨 뇌의 기능이 떨어지게 된 것이라고 본다. 그래서 신경정신과 의사들은 약물 치료와 감정을 다스릴 수 있는 치유 프로그램을 병행할 것을 강조하고 있다. 또한 심리학, 보건복지학, 여성연구학계에서는 정신 영역에 치중하여 우울증을 연구하고 있다. 우울증 환자 중에는 남성에 비해 중년 이상의 여성이 많다는 연구조사 결과도 있다. 이 연구의 특징은 중년 이상의 여성이 경제활동을 할 수 있는 자리를 많이 창출해야 우울증을 감소시킬 수 있다고 주장했다는 점이다. 우울증의 해결 방법이 경제활동까지 확대된 양상이다.

어쨌든 우울증이 심각한 정신병이라는 인식이 사회 각 분야에 퍼져 있는 것은 사실이다. 하지만 해당 환자에게 우울증이 감정 조절 능력을 길러야 할 병이고, 치료를 받아서 회복될 수 있다는 것을 어떻게 알릴지에 대해서는 논의가 미비하다.

2. 우울증과 문학치유

나는 '우울증 회복을 위한 문학치유'라는 주제로 프로그램을 운영하면서 자신을 우울증 환자라고 의심하는 사람이 상상할 수 없을 정도로 많다는 것을 알게 되었다. 하지만 그 사람들이 스스로에게 우울증 증후가 있다는 것을 드러내기를 꺼려한다는 사실이 가장 큰 문제로 느껴졌다.

이러한 문제점을 보며 우울증 치유 프로그램을 운영하는 곳이 일상 곳곳에 개방되어야 하고, 그 운영 방법도 달라져야 한다는 것을 인식하게 되었다. 이런 인식에서 우울증에 가장 섬세하게 접근할 수 있는 장르가 문학이라고 본다.

우울증에 문학적 치유가 적합한 이유는 문학의 무의식 요소를 활용할 가치가 크기 때문이다. 13년간 문학을 통해서 사람을 만나온 내가 생각하는 우울증에 대한 문학적 개입의 가장 위대한 핵심은 무의식이다. 무의식은 문학적 판타지의 긍정적인 부분을 현실로 차용할 수 있는 가능성이 가장 크기 때문이다. 우울증은 억압된 무의식이 현실의 상실, 슬픔, 분노 등의 부정적인 감정들과 잘못 짝짓기를 함으로써 견딜 수 없는 상태로 나아가는 것이기 때문이다.

그래서 나는 우울증은 물론이고 모든 정신적 문제를 겪고 있는 사람들에게 자기개발서나 처세서 같은 책들은 이롭지 않다고 말해 왔었다. 우울 증상이 있는 사람의 무의식층에는 불안, 슬픔, 분노 등의 부정적인 감정이 팽창되어 있다. 이 감정들이 무의식층을 뚫고 의식 부분까지 잠식하고 있는 실정인데 '더 열심히 살라'라는 메시지를 주는 책들은 그들을 채찍질하는 일종의 억압에 해당하기 때문이다.

우울증에 시달리는 사람을 치료하기 위해서는 먼저 인간의 무의식 속에 있는 불안, 슬픔, 분노 등의 실제 모습을 찾아주어야 한다.

■ 우울증과 문학의 무의식과의 관계

무의식 공간에는 의식 영역으로부터 추방된 것들이 존재하고 있다. 무의식 공간의 감정들은 현실에 드러내놓을 수 없는 것들이다. 하지만 무의식 공간에 갇힌 감정들도 포화 상태가 되면 의식화된다. 무의식에 있던 것들은 의식화되어도 공식적으로 표현되지 못할 성질의 것들이라, 다른 가면을 쓰거나 의식적인 감정에 포함되어서 표출된다. 그래서 우울증은 심한 스트레스를 받거나 큰일을 해내면서 에너지를 무리하게 소진하여 의식 부분이 약해진 틈을 타서 감정을 점령해버린다. 따라서 건강한 정신을 유지하기 위해서는 슬픔, 분노, 절망 등의 감정을 무조건 눌러서 해결할 것이 아니라 이것을 가끔 끌어올려서 표출해보는 시간을 가지는 것도 중요하다.

또한 우울증이 있는 사람에게 넓고 깊게 자리한 자기 불신은 타인으로 이어지기 때문에 문제가 된다. 소설『바보 빅터』에는 우울증을 유발하기에 가장 적합한 환경을 설명하기에 적당한 내용이 있다.

『바보 빅터』에서 로라 어머니의 고백은 매우 충격적이다. 로라는 태어났을 때부터 예쁘고 총명한 아이였다. 그 부부는 아기가 너무 예뻐서 동네방네 다니면서 아기를 자랑했다. 그런데 로라가 다섯 살 되었을 때 백화점에서 유괴를 당하는 일이 벌어졌다. 마침 그 백화점에서 쇼핑하던 사람 중에 경찰관이 있어서 신속하게 찾긴 했지만, 부부는 그 충격으로 그날부터 로라를 '못난이'라고 부르고 옷도 예쁘게 입히지 않게 되었다. 신기하게도 그들은 로라를 못난이라고 부르면서 딸에게 아무것도 바라지 않았다. 또한 로라의 미래에 대한 희망의 싹도 잘라버렸다. 그런 식으로 자라 성인이 된 로라가 스스로 패배주의를 선언하고 낙심한 마음으로 살아가는 것을 보고 그녀의 어머니가 울면서 고백하는 내용은 우울증의 실상을 잘 나타내준다.

『바보 빅터』에서 로라의 성장 과정은 성인 우울증 환자의 전형적인 모델이다. 로라가 유괴당한 사실로 인해서 확 바뀐 부모의 반응은 한 인간에게 우울증의 씨앗을 심는다. 그들의 말과 행동은 우울증을 유발하는 가장 치명적인 원인이라고 할 수 있다. 양극적인 대우, 비꼬는 말투, 모든 행동에 대한 비교의 평가, 외모 비하는 우울증을 앓게 하기에 최악의 조건이다. 앞에서 우울증의 주된 특징이 자기 비하, 분노, 수치, 슬픔의 감정이라고 말했는데 로라의 사례가 적절한 근거가 될 것이다. 우울증은 어떤 원인에서 비롯되었든지 자신에 대한 충분한 인식과 연습을 함으로써 벗어날 수 있다. 다음은 우울증에서 회복하기 위한 문학치유 방법에 해당한다.

1) 자기 감정 인식

우울증은 자기 감정을 인식하지 않으려는 상태에서 심각한 상태로까지 치닫게 된다. 자기 감정의 상태를 알기 위해서는 내담자의 감정과 일치할 수 있는 상황을 보여주는 것이 매우 중요하다.

이승훈의 시 「서울에서의 이승훈 씨」는 "불안해서 시를 쓰고/불안해서 전화를 걸고"라는 구절로 시작한다. "불안해서 술을 마시고/외출도 못한다/불안해서 못한다/여행도 못한다"와 같이, 일상생활의 전반에 불안이 들어와 있음을 말하는 시이다. 나는 내담자들에게 이 부분을 낭송하면서 불안을 드러내는 연습을 하게 했다.

불안은 감추면 다리 떨림, 목소리 떨림, 손 떨림 등으로 위장되어 나타나는 속성이 있다. 그러나 본인 스스로 말로 표현하면 위장되어 나타나는 것을 줄일 수 있다. 그래서 불안의 속성이 직접적으로 드러난 문학작품을 통해서 내담자의 불안을 드러낼 수 있도록 유도하는 것은 매우 중요하다.

내가 만난 내담자들은 불안에서 비롯된 우울증을 앓는 사람들이 대부분이었다. 처음에는 자신의 우울증의 근원도 인식하지 못하던 내담자들이 '불안'이 직접적으로 드러난 시를 읽으면서 차츰 입을 열기 시작하였다.

대인불안 부분에서 다루었던 김○○ 내담자는 우울증도 같이 앓고 있었다. 그는 우울증으로 인해 대인불안을 겪는다고 말했다. 그를 다시 언급하는 이유는 자신의 우울증의 원인을 정확하게 알고 있는 사람이었기 때문이다. 우울증 때문에 몇 번의 자살을 시도하기도 했던 그의 무의식에는 항상 물살 너머로 사라져버린 동생이 존재했다.

그의 마음속에는 죄의식과 불안이 가득했다. 처음 만났을 때의 그는 표정이 경직되어 있었고, 눈이 허공을 향해 있었다. 나는 자연스럽게 "그간 많이 힘드셨죠? 잘 오셨습니다. 저도 항상 불안을 느끼며 삽니다"라고 말하며 웃었다. 그는 이때부터 표정이 차분해지더니 현재의 생활에 대해서 빠른 속도로 말하기 시작했다. 지나치게 빠른 속도로 말을 하면서 얼굴빛이 붉어지기 시작했다. 30분 정도 그의 이야기를 들으면서 나는 그의 불안과 우울의 정도를 짐작할 수 있었다.

그는 자신이 앞에서 했던 말을 상대방이 오해하거나 이해하지 못했을 거라고 인식하는 것이다. 그래서 그다음 부연 설명을 하기 전에 상대방이 개입되는 것을 은연 중에 걱정하는 것이다. 나는 이러한 현상이 우울증에서도 위기의 단계라고 본다.

우울증이 있는 사람은 어떤 상처나 충격이 무의식에 넓게 잠식하고 있기 때문에 늘 불안과 자기 불신을 가지고 있다. 이 불안이 사회생활에서는 슬픔으로 나타나고 편안하게 여겨지는 사람을 향해서는 분노로 표출된다.

나는 「서울에서의 이승훈 씨」를 내담자들과 함께 낭송했다. 첫 번째 낭송할 때는 천천히 하게 한다(시 이해). 두 번째 낭송할 때는 한 행씩 하게 한다(익숙). 세 번째는 한 연을 한꺼번에 낭송한다(적응).

이때 주의사항은 한 행을 한 호흡으로 낭송하는 것이다. 내담자가 한 행을 낭송하고 나면 치료사는 박수로 박자를 맞추어주면서 계속 격려한다. 우울 증상이 있는 사람들은 감정이 침체되어 있어서 호흡이 짧다. 그래서 한 호흡으로 한 행씩 낭송하는 것도 힘들어한다. 내담자의 감정에 해당하는 시행을 한 호흡으로 내뱉게 하는 것은 자신의 감정 상태를 인식할 수 있게 하는 데 효과적이다.

그다음으로는 두 사람씩 화답하는 형식으로 한 행씩 낭송하게 한다. 이것은 우울증 환자가 '사이'를 안정적으로 받아들일 수 있도록 하기 위한 훈련에 해당한다. 우울증 환자들은 사람과의 소통 중에

오고가는 그 사이들을 견디지 못한다. 그래서 감정이 자연스럽게 흐르고 있다는 것을 시행의 흐름을 통해서 인지하게 하는 것이다.

서정시는 감정 서술의 문학으로서, 강렬한 감정이 분출될 수 있는 통로를 제공해왔다. 고전시가들은 모두 집단 노래 형식으로 전해졌다. 이는 인류 역사의 초기부터 사람들이 입을 열어 노래하는 것으로 감정을 표출하며 견뎌왔다는 증거이기도 하다.

2) 자신의 존재감 확인

모든 존재는 가치가 있다. 우울증이 위험한 이유는 자존감이 하락하기 때문이다. 자신의 존재가 무가치하여 아예 없는 존재라고 느끼는 것은 죽음을 의미한다. 이러한 내담자에게 존재감을 심어주는 것은 쉽지 않은 일이다. 하지만 이 세상 모든 사람들의 이름은 긍정적인 미래가 담긴 것들이다. 자기 이름의 의미를 일깨워주는 것은 내담자의 존재감 회복에 도움이 될 것이다.

옛날 어떤 곳에 아들만 넷을 둔 사람이 살고 있었다. 그 네 아들들은 모두 재주가 있고 효성스러웠다. 하지만 네 형제에게는 이름이 없었다. 그저 첫째, 둘째, 셋째, 넷째로 불릴 뿐이었다.

"아버지, 왜 저희들에게는 이름이 없나요?"

아들들의 나이가 서른이 가까워지자, 첫째가 용기를 내어 아버지께 여쭈었다. 하지만 아버지는 이름 짓는 것을 계속 미루었다. 그들은 이름을 가지고 싶었지만 이름을 얻지 못했다.

세월이 흐르고 흘러 아버지가 돌아가실 때가 되었다. 네 형제는 슬퍼했지만 더욱 안타까운 것은 이름을 지어주지 않고 돌아가시게 되는 것이었다.

"아버지, 이름은 지어주셔야지요."

"이름을 지어주시기로 약속하셨잖아요."

아버지는 숨이 끊어질 듯한 목소리로 아들들의 이름을 짓기 시작했다.

"첫째 이름은 '안봐도천리동이'

둘째 이름은 '잠가도열쇠동이'

셋째 이름은 '무거도개변동이개벼도무건동이'(무거워도 가볍고, 가벼워도 무겁다)

넷째 이름은 '춰도뜨건동이뜨거도춘동이'(추워도 뜨겁고 뜨거워도 춥다)."

아버지는 평소에 자식들에게 이런 재능이 있다는 것을 알고 있었다. 그래서 뒤늦게 그러한 이름을 지어준 것이다.

아버지가 돌아가시고, 네 형제는 농사를 짓고 산에 가서 나무를 해다 팔며 그럭저럭 살아갔다. 그런데 어느 해 극심한 흉년이 들어, 굶어 죽는 사람이 하루에도 수십 명씩이나 되었다. 네 형제도 마찬가지였다. 하루하루 근근히 살아가던 그들은 이제 입에 풀칠도 못 할 지경이 되었다. 첫째 안봐도천리동이가 말했다.

"얘들아, 이러다간 다 굶어 죽게 생겼다. 우리에게 한 가지씩 있는 재주를 써서 양식을 구해보자."

모두 찬성하였다.

안봐도천리동이는 높은 산에 올라가서 사방을 둘러보았다.

"임금님 대궐의 곳간에 곡식이 가득해."

"아이구, 형님. 임금님 곡식을 탐내다니……."

"할 수 없지, 굶어 죽는 것보다는 나을 테니까. 애, 잠가도열쇠동이야, 당장 서울로 가거라. 가서 임금님의 곳간에 있는 곡식을 가지고 오너라."

"나 혼자서 가라고요?"

"참, 무거도개변동이개벼도무건동이하고 같이 가거라. 그래야 가져올 수 있겠다."

며칠 후, 이들은 임금님의 곳간 앞에 도착했다. 마침 곳간 문지기가 졸고 있었다.

"옳지, 됐다."

곳간 문앞으로 다가간 잠가도열쇠동이가 커다란 자물쇠를 만지작거렸다. 자물쇠는 순식간에 열렸다. 무거도개변동이개벼도무건동이는 곳간 가득한 곡식을 거뜬히 짊어졌다. 그런데 곡식을 짊어지고 오면서 졸고 있는 문지기까지 함께 짊어지고 왔다. 잠결에 네 형제의 집까지 온 문지기는 몰래 도망쳐서 다시 서울로 돌아갔다. 문지기는 포도대장과 함께 네 형제를 잡으러 그들의 집으로 쳐들어왔다. 네 형제는 모두 잡혀서 왕에게 끌려갔다. 왕은 그들을 차가운 감옥에 가두기도 하고 뜨거운 방에 가두기도 했지만 취도뜨건동이뜨거도춘동이 덕분에 아무렇지도 않았다. 마침내 왕은 형제들의 이름에 맞는 재주를 나라를 위해 쓸 수 있겠다고 생각하였다. 그리하여 네 형제는 임금을 돕는 나랏일을 하게 되었다.

이 이야기를 재미있게 구연해준 후에 내담자들에게 이야기 속 이름들을 내담자들에게 빠른 속도로 말하게 한다.

안봐도천리동이

잠가도열쇠동이

무거워도개변동이개벼워도 무건동이

무거도개변동이개벼도무건동이

그다음에 내담자들의 이름을 가장 길게, 의미를 담아 써보게 한다. 또 내담자끼리 서로 이름을 보충해주게 하여 될 수 있으면 말을 많이 할 수 있도록 유도한다.

> 김일복 : 김이 모락모락나는 아름다운 세상의 복복복복~
> 이순자 : 이세상을 순조롭게 살아가는 자차차차~
> 박판금 : 박덩이리가 판에 주렁주렁 금방 번쩍번쩍~
> 김복임 : 이제(今)부터 복이 터지게 임할 운운운~임임임

인간은 마음 상태가 불편할수록 반복적인 행위를 하고 싶어 하는 본능이 있다. 전 세계적 베스트셀러인 성경은 같은 구성의 스토리뿐만 아니라 비슷한 문장들이 반복적으로 쓰여졌다. 그리고 찬송가 역시 가사와 리듬이 반복적으로 엮여 있다. 이러한 성경과 찬송가의 반복이 주는 의미는 기독교가 회복과 치유의 종교로 자리하게 된 이유 중의 하나로 볼 수 있을 것이다.

나는 이러한 의미와 재미를 독서치료에 활용하였다. 치유의 의미와 재미를 담은 '긴 이름 만들기'를 진행할 때도 반복되는 말이 들어갈 수 있도록 독서치료사가 코멘트를 해주는 것이 매우 중요하다.

3) '슬픔' 감정을 통한 눈물 회복

우울증 증상이 심각해지면 환자의 모든 감정이 무뎌져서 마지막

에는 '슬픔'의 감정도 느끼지 않는 상태가 된다. 단단한 무쇠에 지저분한 먼지가 쌓이는데 털어내지도 않고 내버려두면 점점 부식되는 것과 비슷하다. 한번 부식 상태에 노출된 무쇠는 지속적으로 닦고 윤을 내주지 않는다면 언제든지 다시 부식이 진행될 수 있다. 우울증 증상이 심해져서 감정을 느끼지 못하는 상태가 되면 환자는 현실과 비현실을 명확하게 구분하지 못하고 허상과 망상을 따르게 된다. 이것이 자살로 이어지는 것이다. 이 단계에 이르면 반드시 약물치료가 병행되어야 한다. 그리고 이 상태까지 진행되지 않게 하기 위해서 감정 훈련을 하며 그 역할을 문학치유가 하는 것이다.

안데르센의 「인어공주」는 '슬픔'이 가득한 이야기다. 이 이야기를 통해 내담자로부터 최대한 슬픔의 감정을 끌어내야 한다. 나는 문학치유와 문학효용론의 차이는 강조 포인트의 차이라고 생각한다. 문학이 치유의 기능을 하기 위해서 '슬픔'의 감정을 최대치까지 끌어올릴 수 있어야 한다.

인어공주는 젊은 왕자의 모습을 찾았다. 배가 둘로 쪼개지자 왕자가 바다로 가라앉는 것이 보였다. 인어공주는 사모했던 왕자가 바다 밑으로 가라앉아 자신과 가까워지는 것을 보며 마음이 설레었다. 하지만 인간은 물속에서 살 수 없기 때문에 왕자를 자신이 사는 용궁까지 데리고 갈 수 없다는 것을 생각했다. 그 생각도 잠시, 왕자님을 살려야 한다는 마음으로 가득했다. 사나운 물결을

헤치고 마침내 왕자를 찾아냈다. 왕자의 팔과 다리에서는 힘이 풀리고, 아름다운 몸은 만신창이가 되었다. 왕자의 숨소리는 가물거려서 만일 인어공주가 구하지 않았더라면 죽을 운명이었다. 인어공주는 왕자의 몸을 밀어 올려서 해변가로 끌고 나왔다.

동이 트자 폭풍우가 멈췄다. 그러나 배는 흔적도 찾을 수 없었다. 태양은 붉게 떠올라 바다에 밝게 비쳤다. 왕자는 다시 생기를 찾은 듯 창백했던 두 볼이 발그레해졌지만 두 눈은 여전히 감긴 채였다. 인어공주는 옆에서 한 뼘의 거리를 둔 채 왕자의 멋진 모습을 마음껏 바라보았다. 왕자가 이러한 인어공주의 마음을 전혀 몰라줘도 상관이 없었다.

…(중략)…

(치료사가 실감나게 구연해주는 부분)

인어공주에게 인간이 되는 약을 주면서 바다 마녀는 말했다.

"그렇지만 똑똑히 기억해라. 일단 인간이 되면 다시는 인어가 될 수 없어. 다시는 네 아버지의 딸로 되돌아갈 수 없다. 또 만일 왕자가 진심으로 너만을 사랑할 것을 성직자 앞에서 다짐하고 결혼을 하지 않으면, 너는 죽지 않는 영혼을 얻을 수 없다. 왕자가 다른 여자와 결혼하면 바로 그 결혼식 날 아침에 네 가슴이 터지고, 너는 죽어서 물거품이 되는 거야. 잊지 마라!"

"그래도 좋아요." 인어공주는 상기된 얼굴로 대답했다.

"그리고 또, 나에게 대가를 지불해야 한다. 내가 너에게 주는 것에 비해 턱없이 하찮은 것이다. 너의 그 목소리를 내게 줘야 해. 나의 그 귀한 마법의 약을 얻으려면 네가 가진 것 중의 가장 좋은 것을 내놓아야 하거든. 마법의 약을 만들어줄 텐데, 네가 그걸 마시면 양쪽으로 날이 선 칼 위를 걷는 것같이 아플게다."

"당신이 내 목소리를 빼앗아가면 내게는 뭐가 남지요?" 인어공주가 이렇게 물었다.

"네게는 아름다운 몸매가 남아 있잖아. 부드러운 몸놀림과 사람의 마음을 끄는 눈매도 남지. 그것이면 인간의 마음을 사로잡는

데 충분할 거야."

…(중략)…

왕자는 인어공주에게 예쁜 옷을 만들어 입혔다. 산책을 나갈 때 인어공주를 데리고 나가기도 했다. 왕자와 인어공주는 푸른 나뭇가지가 어깨를 스치고 나무 이파리 뒤에서는 작은 새들이 지저귀는 향내 그윽한 숲 속을 함께 걸었다. 인어공주는 왕자와 눈이 마주칠 때마다 눈빛으로 자신이 하고 싶은 말을 표현했지만 왕자는 다정한 웃음으로 응대했다. 하지만 그녀가 하고 싶어 하는 말을 눈빛을 보고 이해하지는 못했다.

…(중략)…

시간이 흘러 왕자는 부모님의 뜻에 따라서 이웃 나라의 공주와 결혼하게 되었다. 마녀와의 약속대로 인어공주는 왕자와 결혼하지 못했기 때문에 죽음만이 기다리고 있었다. 자정이 훨씬 넘어서까지 쾌활하고 즐거운 시간이 계속되었다. 인어공주도 다른 사람들처럼 웃고 춤췄지만, 마음속으로는 죽음만을 생각하고 있었다. 왕자는 아름다운 신부의 손을 잡았고 신부는 왕자의 머리카락을 쓸어내렸다. 그렇게 다정하게 그들은 팔짱을 끼고 아름다운 신혼방으로 들어갔다.

인어공주는 난간에 기대어 멍하니 동쪽 하늘만 바라보았다. 이제 햇살이 비추면 그녀는 죽게 되는 것이다. 그때 인어공주의 언니들이 바다 위로 솟아올랐다. 그녀들도 인어공주처럼 초조하고 불안한 얼굴이었다.

"너를 살리는 방법을 알기 위해서 우리는 머리카락을 잘라 마녀에게 바쳤다. 햇살에 네가 죽기 전에 구할 수 있도록 말이야. 바다 마녀가 칼을 하나 주었단다. 자, 이 칼을 받아. 그 날카로운 칼로 해가 뜨기 전에 왕자의 가슴을 깊숙이 찔러. 왕자의 따뜻한 피가 흘러 네 발에 닿으면 네 다리가 다시 비늘이 달린 물고기의 꼬리로 변하고, 너는 다시 인어가 되는 거야. 그러면 물속으로 내려와 우리와 함께 살 수 있어. 해가 뜨기 전에 왕자나 너 둘 중에 한 사람이 죽어야 해. 서둘러야 해."

　인어공주는 왕자와 신부가 잠들어 있는 침심을 들여다보았다. 아름다운 신부는 왕자의 가슴에 얼굴을 묻고 잠들어 있었다. 인어공주는 잘생긴 왕자의 모습을 보니 가슴이 아팠다. 손에 쥔 칼날을 한 번 보고, 왕자의 얼굴을 한 번 보고 다시 고개를 들어보니 태양의 첫 번째 희미한 빛줄기가 점점 밝아지는 것이 보였다. 칼을 쥐고 있는 인어공주의 손이 부르르 떨렸다. 인어공주는 그 칼을 바닷속으로 던져버리고 자신도 바닷속으로 뛰어들었다. 인어공주는 자신의 몸이 녹아서 거품이 되는 것을 느낄 수 있었다.

　여기서 '마녀'와 '인어공주'는 현실적인 존재들이 아니기에 내담자에게 적용하기에 더욱 적합하다.

　"인어공주는 왕자의 사랑을 얻지 못하면 물거품이 될 운명이지만, 목소리를 마녀에게 팔았습니다. 하지만 왕자의 눈길을 끌 수 있는 몸과 눈빛은 남았습니다. 여러분은 '목소리'와 '몸짓과 눈빛' 중 한 가지를 선택한다면 무엇을 선택하실 거예요?"

　이 물음을 던지며 내담자들에게 눈을 감고 잠시 생각해보게 한다. 잠시 촛불을 켜서 분위기를 차분하게 해주면 더욱 효과적이다. 이때에 종교를 가진 내담자에게는 종교 의식을 빌려 명상이나 기도의 시간으로 활용할 수 있다. 무신론자여도 1분 정도 눈을 감고 '목소리'와 '눈빛, 몸' 중에 어느 것을 선택할 것인가에 대해서 생각하게 한다. 이때 명상은 몇 가지 의미를 갖는다. 첫째는 눈을 감고 자신과 직면하는 연습이다. 둘째는 말하기의 소중함을 알게 함으로써 '마음' 표현의 중요성을 생각해보게 하는 것이다. 셋째는 현실에 매몰되어 있는 대부분의 우울증 내담자들에게 환상성을 인지하게 해주는 것이다.

1분간의 명상 종료 후, 목소리와 눈빛 중에 선택을 해야 한다면 무엇을 선택할 것인지에 대해서 다시 질문한다. 대부분이 목소리를 선택하겠다는 답변을 하였다.

"인어공주가 혼자서 왕자를 아무리 사랑해도 말하지 못한다면 무슨 소용이 있겠어요?"라는 한 내담자의 답변에 거의 모든 내담자가 동의를 표시하였다.

목소리를 잃어서 말을 할 수 없는 상황에서 눈빛으로 '사랑한다'는 마음을 표현해보게 한다.

- 윙크를 하는 내담자
- 눈을 깜박이는 내담자

한두 명이 표현하는 것을 본 다음 내담자들은 거의 비슷한 표현을 한다.

이때 눈 이외의 다른 동작을 사용하여 표현하는 내담자가 있을 때까지 지켜보는 것이 바람직하다. 그렇지 못할 경우, 치료사가 먼저 손을 내밀거나 고개를 끄덕여서 '사랑'하는 마음을 전할 수 있는 몸동작을 제시한다.

내담자들은 '목소리를 잃어버린 인어공주'의 슬픔에 공감하고 말로 마음을 표현해야 하는 절실함을 느끼게 된다. 또한 눈빛과 제스처를 사용해서 말하는 것이 필요함을 자연스럽게 인식하고 연습하게 된다. 대부분의 우울증 내담자들은 말로 마음을 표현하는 것을 잘 못하고 제스처나 눈빛 등을 활용하는 것도 어색해하기 때문에 인어공주 이야기는 효과적이다.

다음 활동도 내담자들의 생각을 끌어내기 위한 방법에 해당한다. 치료사가 묻는다. "여러분이 목소리와 바꾸고 사는 것은 무엇일까요?"

- 돈
- 직장생활
- 가식적인 행동과 친절
- 자식
- 희생
- 집안일
- 사랑?

"여러분의 눈빛과 몸짓은 여러분이 잃어버린 많은 것을 말하고 있네요. 그게 무엇이죠? 왜 목소리가 있으시면서 목소리를 사용하지 않으세요?"(나는 이러한 질문을 하기 전에 슬픈 노래를 조용하게 들려주어서 감정을 돋워주었다)

우울증으로 지쳐 있는 내담자들은 대부분 어깨를 펴지 못하고 말을 꺼리기도 하지만, 때로 당당한 자세와 예리한 눈을 반짝거리면서 많은 이야기를 하려 하는 사람도 있다. 물론 이들 역시 주변의 내담자들에게 민감한 반응을 보인다는 것은 공통적이다. 치료사는 이런 정황들을 잘 관찰하여 내담자의 감정을 끌어낼 수 있도록 해야 한다.

"인어공주가 왕자에게 하고 싶은 말은 무엇일까요?"

- 왕자님, 저는 인어였습니다. (치료사)
- 왕자님, 저는 당신 곁에 있고 싶었습니다. (내담자)
- 왕자님, 당신 배가 바다에서 풍랑을 만나서 당신이 기절했을 때 구해준 사람은 바로 저예요.
- 왕자님과 제가 결혼하지 못하면 죽어요.
- 나는 당신에게 말을 하지 못하기 때문에 죽어야 해요. (중요한 대답. 이 대답이 나오지 않으면 치료사가 개입하여 이 답이 나오도록 유도해야 한다.)

"나는 당신에게 말을 하지 못하기 때문에 죽어야 해요"라는 말의 꼬리를 물고, "여러분도 말을 하지 않으면, 더 힘들어져요. 어린 시절부터 지금까지 힘들었던 것을 모두 말하시면 됩니다"라고 말해 주었다.

내담자 중에 한 명이 먼저 말했다. "저는 어릴 적에 새엄마가 들어왔는데, 좀 힘들게 살았어요. 사랑받지 못했어요. 그래서 나밖에 모르는 지금의 남편을 만났는데⋯⋯ 저는 남편이 퇴근하기 전에 항상 모든 일을 다 해놓고 맞이하는 것이 좋았어요. 하지만⋯⋯."

이 내담자는 울기 시작했다. 뒤를 이어서 다른 내담자들도 자신의 심정을 말하며 연이어 울었다. 이 정도로 슬픔의 감정을 끌어올렸다면 그 치유 상담은 성공적이었다고 봐도 된다. 나는 내담자들이 울기 시작했을 때 아래와 같은 노래를 틀고 볼륨을 키웠다. 울음소리가 묻힐 정도의 크기로.

〈꿈이어도 사랑할래요〉(임지훈)

〈혼자만의 사랑〉(김태영)

〈여정〉(서문탁)

이는 내담자의 마음에 쌓여 있는 슬픔, 분노의 감정을 스스로 꺼내서 울음으로 표현하게 하는 방법이다. 이 방법은 다양하게 활용되어 암 환자를 치료할 때도 쓰인다. 육체의 병이든 정신의 병이든 감정을 정화시키는 것은 매우 중요한 일이다.

아리스토텔레스는 『시학』에서 비극을 통한 카타르시스 효과에 대해서 말한 바 있다. 그는 비극의 목적은 특정한 쾌감을 표출하는 데 있다고 보았다. 이때 쾌감 표출의 원리는 눈물 배출을 통한 감정 회복의 과정을 말하는 것이다. 이 원리에 따라 우울증 내담자들이 자신이 인식하지 않으려 했던 자신의 감정을 인식하고 그것을 밖으로 표출하게 하는 행위를 유발했던 것이다.

인어공주처럼 목소리를 잃어버렸다가 다시 찾았을 때 가장 먼저 하고 싶은 말을 해보게 한다. 우울증을 앓고 있는 내담자들은 대부분 '사랑' '좋아함' '감사' '고마움' 등의 말에 익숙하지 않기 때문에 이러한 절실한 상황을 설정해주는 것은 매우 중요하다.

- 사랑해
- 고마워
- 이해해줘
- 미안해

라는 말을 자연스럽게 할 수 있도록 유도한다.

4) 존재하지 않는 존재들에 대한 인식(판타지)

우울증 증상이 있는 사람들은 현재의 감정에 몰두해 있다. 아니 침몰당해 있다고 해야 더 맞을 것이다. 망망대해에 자신만이 존재한다는 생각으로 가득 차 있다. 그래서 이들에게 보이지 않는 시간, 사건, 장소들도 존재한다는 것을 인식하게 하는 것은 매우 중요하다.

우울증 환자들이 집착하는 순간은 '지금' '이 순간'이다. 이들에게는 우울할 때 다른 감정으로 바꿀 수 있는 대체 능력이 떨어진다. 의학계나 정신분석 이론서에서는 정신질환의 원인을 과거에 두고 있지만, 우울증 환자들에게는 지금 당장의 우울한 감정에 머물러 있으려는 속성이 있다고 한다. 마찬가지로, 내가 만난 우울증 내담자들도 대부분 과거 어린 시절이 평온하지 않았다. 내담자들이 대부분 우울 증상을 호소하지만 그 원인에 대해서는 구체적으로 말하지 못한다. 또한 자신을 현재 우울하게 하는 그 원인은 과거에 있는데 본인은 현재의 상황 때문에 우울한 것으로 이해한다.

이러한 우울증의 속성을 알고, 그들의 이야기를 들어주는 것은 매우 중요하다. 내가 먼저 "어린 시절이 힘드셨나 봐요?"라고 물으면 거의 그렇다는 대답을 했다. 이어지는 사연을 들으면서 나는 그들이 말하는 과거의 사연과 현재의 우울증과의 연관성을 유추해볼 수 있었다. 그리고 그들에게 탈락된 서사가 있다는 것은 짐작할 수 있었다.

문학치유에 '서사'라는 개념을 도입했던 정운채는 삶에서 어떤 인물이든 인간관계 속에서 다루어야 한다는 것을 강조하였다. 인간관계 속에서 인물, 사건, 배경을 다루는 것이 서사이고, 이때에 인간관계가 탈락되거나 억압되면 문제가 발생한다는 것이다. 그래서 개인적으로 탈락되거나 억압된 서사를 찾아주는 것은 문학치유에서 매우 중요하다. 이 작업을 하는 것은 내담자가 자신에게만 닥쳤다고 생각하는 그 사건은 모든 인간의 서사에서 일어날 수 있는 일이었다는 것을 인식하게 하기 위해서다. 또 탈락되거나 억압된 그 사건은 자신이 수정할 수 있다는 것을 연습함으로써 보편화시키는 것이다.

내담자의 탈락된 서사를 찾아주는 것은 쉽지 않지만, 새로운 서사를 심어주는 것은 어렵지 않았다. 하지만 이를 위한 프로그램을 진행하기 위해 책을 읽게 하는 것은 간단하지 않다. 시행착오를 겪으면서 누구나가 읽기 쉽도록 이야기를 줄이고 문장을 단순하게 편집하여 교재를 만들었다. 또 프로그램을 진행하면서 내담자들을 집중시키기 위해서 이야기를 다시 한 번 들려주는 것은 꼭 필요한 과정이다.

우울증 내담자에게 그들이 인식할 수 있도록 이야기를 들려주는 것은 매우 중요하다. 하지만 그들의 기분이나 감정이 침체되어 있기 때문에 이야기를 듣게 하는 것은 어려운 일이다. 다양한 이야기를 알게 함으로써 내담자가 자신의 서사를 보편적으로 이해할 수 있도록 하는 것은 매우 중요하다.

우울증에 시달리는 대부분의 내담자에게는 간접적으로 얻은 다양한 스토리가 입력되어 있지 않다. 이들은 인생에서 만난 상황을 견뎌낼 스토리를 발견하지 못한다. 일상에서 만나는 다양한 상황으로 충격을 받았을 때 이를 보편화할 자기 서사를 채워나가는 것도 연습에서 비롯된다. 보편적인 자기 서사를 어린 시절부터 충분히 연습하여 체화하지 못한 사람은 우울감의 수렁에 빠질 수 있다. 그나마 육체적 정신적으로 에너지가 충만할 때는 우울감에 깊게 빠지지 않지만 건강하지 못한 상태에서는 급격히 침몰하게 된다.

인간이 보편성과 자기 서사를 이해하기에 적합한 이야기를 하나 소개한다. 내가 어린 시절에 할머니한테 들은 이야기다.

추운 겨울에 엄마 토끼가 아기 토끼를 업고 길을 나섰습니다. 엄마 토끼는 아기 토끼에게 재미있는 이야기를 들려주면서 걸었습니다. 이렇게 그들은 얕은 시냇가에 이르렀습니다. 시내에는 군데군데 살얼음이 얼어 있었습니다. 징검다리도 놓여 있지 않았습니다. 엄마 토끼는 주저하지 않고, 바지를 동동 걷어 올렸습니다. 엄마는 다시 아기를 업고 아무렇지도 않게 그 차가운 시냇물을 건너면서 아기를 위해서 이야기를 해주었습니다.

아기는 엄마 등에 꼭 엎드려서 엄마에게 여쭈었습니다.

"엄마, 발 시렵겠다. 엄마, 엄마는 왜 나한테 이렇게 잘해줘?"

엄마는 아기를 다시 한번 야무지게 들쳐업으면서 대답했습니다.

"모든 엄마는 원래 그래. 너도 나중에 아기를 낳으면 너의 아기를 이렇게 키우면서 살아라."

내담자 두 명을 한 조로 하여, 업어주기 포즈를 취한다. 아기 역을 하는 사람이 엄마 역을 하는 사람의 등에 가슴을 밀착시켜서 기댄다. 이 상태로 이 이야기를 해주게 한다. 이 포즈를 취하면 서로의 심장 뛰는 소리를 들으며 이야기를 듣게 한다. 두 사람에게 엄마 역과 아기 역을 번갈아가며 해보게 한다. 업어주기 포즈에서 이야기를 듣게 하는 기법은 안정을 찾아주고 우울감을 덜어주는 효과가 있다.

이어서 삶과 죽음이 늘 공존하고 있다는 것을 판타지 문학을 통해서 이해하게 한다. 또한 죽음도 끝나지 않는 삶의 일부라는 사실을 받아들이게 함으로써 죽음이 현재에 대한 패배자가 택하는 곳이라는 인식에서 탈피하게 해야 한다.

다음의 설화 「바리데기」는 '삶은 이 세상의 끝이 아니다'라는 인식을 심어주기 위한 자료로 적합하다. 「바리데기」는 원래 주술적인 기능을 하는 무가이지만, 나는 오락적인 요소를 살려서 문학치유에 사용하였다.

먼저 쉽게 쓰인 이야기 형식으로 바리데기를 들려주었다.

오구대왕이 몹쓸병에 걸려서 앓아눕게 되었다. 아무리 좋은 약을 다 써보아도 효과가 없었다. 그러던 중 나랏일을 점 쳐주는 점쟁이 대신이 와서 말했다.

"대왕님, 대왕님 병에는 약이 소용없습니다. 그러나 단 한 가지 약만이 효험이 있습니다. 그것은 서천 서역국 동대산에서 솟아나는 약물입니다."

오구대왕의 부인이 생각 끝에 딸들에게 그 약을 구하러 갈 수 있겠느냐고 물었지만 다들 거부했다. 그때 오구부인은 문득 낳자마자 버린 바리데기가 생각났다. 오구부인은 행장을 꾸려 바리데기를 찾아나섰다. 여러 날이 지나서 만난 바리데기와 오구부인은 얼싸안고 울었다. 바리데기는 오구부인으로부터 아버지가 몹쓸병에 걸렸다는 이야기를 듣고 약을 구하러 길을 떠났다.

마침내 바리데기는 고생 끝에 사람을 살릴 수 있는 약물을 찾았고, 죽은 사람의 살에 문지르면 살이 돋아나는 <u>살살이꽃</u>, 죽은 사람의 피가 살아나는 <u>피살이꽃</u>, 죽은 사람의 숨이 살아나는 <u>숨살이꽃</u>을 한 송이씩 들고 오구대왕의 나라로 돌아왔다.

하지만 오구대왕은 이미 죽었고, 충격을 받은 오구부인도 한날한시에 죽었다. 바리데기는 앞에 가는 아버지와 어머니의 상여를 세워 자신이 따온 꽃들을 올려놓았다.

나는 내담자들에게 다음과 같이 말했다. "'바리데기'는 버려진 자라는 의미입니다. 이 바리데기가 아버지의 병을 치료할 약을 구하기 위해서 여러 곳을 거칩니다. 이렇게 해서 구해온 약 이름을 다같이 말해볼까요?"

- 죽은 사람의 살에 문지르면 살이 돋아나는 → <u>살살이꽃</u>,
- 죽은 사람의 피가 살아나는 → <u>피살이꽃</u>,
- 죽은 사람의 숨이 살아나는 → <u>숨살이꽃</u>

두 사람이 의미 부분과 꽃 이름 부분을 나누어서 주거니 받거니 율동을 섞어서 말하게 한다. 율동은 내담자가 자신의 살, 피, 숨(심장) 부분을 직접 만지거나 문지르는 동작을 넣어서 하도록 지시한다. 이때에 율동은 단순한 동작이 반복되도록 한다. 말은 될 수 있으면 빠른 속도로 하게 한다. 이 방법은 우울증 내담자들이 자기 자신에게 관심을 가지게 하는 의미가 있다.

이후 내담자의 기분 상태에 따라서 꿈 이야기 등을 더 추가해서 진행하면 더 효과적이다. 이 치유 프로그램을 진행하면서 교훈이나 훈계식의 강제적인 어투나 방법은 금물이다.

5) 비극적 정서 환기를 통한 회복

감정의 정화에는 희극보다 비극이 더 효과적이라는 것은 익히 알려져 있다. 아리스토텔레스가 『시학』에서 비극이 주는 카타르시스에 대해 말한 것과 유명한 소포클레스의 비극이 수천 년간 읽혀 온 것은 그 효과를 대변한다. 비극의 효과는 인간은 누구나 자신과 대동소이한 사람이 겪는 비극을 보며 안도와 위안을 느끼기에 얻어지는 것이다.

나는 바리데기 이야기를 통해서 우울한 내담자들이 대부분 느끼는 피해의식을 구체화하였다. 우선 바리데기 입장에 내담자를 대입해보게 한다.

함께 : 부모에게 버림받은 내가
내담자 : 남자형제 사이에서 천대받은 내가
함께 : 하필이면 그런 내가 이 일을 해야 하다니
내담자 : _____

함께 : 부모에게 외면당한 내가
내담자 : 친구에게 외면당한 내가
함께 : 하필이면 그런 내가 이 일을 해야 하다니
내담자 : _____

함께 : 부모로부터 멀어진 내가

내담자 : 하필이면 천대받고 살아온 내가 남편에게 천대받다니

함께 : 내가 왜 짐을 짊어져야 할까?

함께 : 내가 부모가 되어, 부모의 그 짐을 나도 짊어져야 하다니

내담자 : 그 (부모님의 상황) 상황에서 나를 돌아볼 수 없었던 당신을 이해하고 용서합니다.

이것은 30~40대 주부들을 대상으로 진행한 문학치유 프로그램이다. 대부분 자녀교육 스트레스로 불화를 겪으며 우울감을 느끼는 주부들이었다. 예상했던 대로 이들의 대부분은 어린 시절 부모님에 대한 불만을 말로 표현하지 않았던 사람들이었다. 게다가 자의반 타의반으로 부모님을 존중해야 한다는 의식을 가지고 있었고 자식으로서 도리를 다해야 한다는 책임 의식도 강했다. 이들의 의식은 상당 부분 억압되어 있다는 것을 느낄 수 있었는데, 이 억압이 다시 자신의 자녀를 억압하는 요소로 작용하고 있었다.

이 내담자들은 빈칸을 개인적인 일들로 채우면서 모두가 눈물을 흘렸다. 모두가 눈물을 흘리면서 자연스럽게 부모로부터 부당한 대우를 받은 점, 힘들었던 점을 고백하였다.

- 저는 장녀로 태어나 늘 부모님으로부터 '네가 똑바로 해야 동생들이 바로 된다'는 말을 들으면서 자랐습니다. 그런데 나도 모르게 내 큰아이에게 그 말을 하고

있습니다. 요즘 우리 아이가 사춘기를 겪으며 말을 잘 듣지 않는데 제 어린 시절이 내 아이에게 상처를 줬다는 생각이 듭니다.

- 저는 남편과 아이에게 화를 많이 냅니다. 그 이유를 이제 알 것 같습니다. 저에게 피해의식이 있었습니다. 저는 막내인데 똑부러진 성격 때문에 늘 부모님이 저에게 의지했습니다. 저는 그것이 저의 능력이고 부모님께 사랑받는 것인 줄 알고…… 더 중요한 것은 이렇게 챙겨주는 것이 습관이 되었는지 지금의 제 남편이 교통사고가 나도 보험회사에 전화하지 않고 저에게 전화하고…… 저는 지쳤고, 중학생인 제 아이가 몸과 마음을 닫은 채 중환자실에 눕는 것을 지켜봐야 했습니다.

내담자들은 모두 울었다. 이러한 집단 눈물 공유를 통해서 집단 카타르시스를 체험하게 한다.

다음으로 설명할 문학작품은 앞에서도 활용했던 이철환의 『위로』이다. 『위로』의 주인공 판다는 자신의 발자국 때문에 자식들이 모두 희생되었다고 자책한다. 이 자책은 남들이 이해하지 못하는 행동으로 나타난다. 누구라도 크고 작은 비극적 상황으로 인해서 상처를 입으면 자신도 모르게 남과 다른 행동을 할 수 있다. 1부에서 설명하였듯이 상처입거나 부당한 대우를 많이 받았던 사람의 마음속에는 자책감, 죄의식 등이 존재한다. 그래서 부끄러움, 망설임, 지나치게 남을 의식하는 습관 등이 생긴다.

나는 이 이야기를 통해서 내담자들이 자신의 고통스런 감정이 무엇인지를 말로 표현할 수 있는 계기를 제공했다.

"여러분, 판다는 자식을 잃어버린 슬픔 때문에 눈이 오면 나무 위에서 내려오지 못합니다. 나무 가지에 엎드려 있는 판다의 모습을 보고 사람들은 미쳤다고 하겠죠. 여러분도 판다에 대해서 하고 싶은 말을 해봅시다."

- 미친 것 같아요.
- 이제 지나간 일은 잊어.
- 어떻게든 살아야지.
- 그렇게 나무 위에 있다고 해서 자식이 돌아오는 것도 아니잖아.
- 자식을 잡혀간 건 너의 발자국 때문이 아니야. (여기서부터가 중요)
- 너의 잘못이 아니야. (죄의식 인식)

이 대답을 들은 이후에 내담자들에게 세상에는 자신의 뜻대로 되지 않는 것이 수도 없이 많다는 것을 말해준다. 그리고 내담자들에게도 우울할 때 자주 취하는 포즈를 취해서 그때의 감정을 말해보게 한다. 내가 만난 내담자들은 거의 눕거나 웅크리고 싶어 했다. 미리 준비한 쿠션이나 인형들을 나누어주면서 그것을 안고 웅크리게 한 다음, 자신을 불편하게 하는 감정을 말해보게 한다.

- 저는 이상하게 어떤 것이든 뭔가 잘못되면 제 잘못 같아요.
- 제가 말하는 것을 다른 사람들이 듣고 있다가 야단칠 것 같아요.
- 제가 옷을 입거나 어떤 행동을 하면 사람들이 자세히 보고 흉볼 것 같아요
- 제가 말하는 것이 틀릴 것 같아서 말하기 싫어요.
- 남편도 내가 말하면 늘 잘못되었다고 해요.

내담자들의 대답 속에는 모든 상황에 자신이 개입하는 것을 두려워하는 마음이 들어 있다. 이 두려움의 원인은 주로 자신이 뭔가를 잘못했을 수도 있다는 추측이다. 또 다른 사람들이 내담자를 심판하거나 평가하는 대상이라고 여기는 특성이 있음을 알 수 있다. 다음 과정은 이러한 생각에서 자유로워지기 위한 연습에 해당한다.

6) 보편적인 삶에 대한 이해 증가

우울증 환자는 에너지가 현저하게 떨어진 상태에서 더욱 두드러

지게 우울감을 느낀다. 에너지가 떨어지는 때란 건강이 나빠진 때이기도 하고, 그러한 기분이 들 만한 상황을 접했을 때이기도 하고, 과도하게 일을 많이 했을 때이기도 하다. 이때에 내담자들은 바로 당면한 상황보다도 이 상황 후 혼자 있게 되는 시간에 우울함을 크게 느낀다. 화려한 무대 위에서 내려온 후의 허망한 감정이 지속적되는 것과 비슷하다.

이 감정의 지배를 받는 우울증 대상자들은 대부분 50대 전후에 해당하였다. 이때에 내담자들에게는 대부분 '사이감정'을 받아들일 스토리가 탈락되어 있다. 사이감정은 내가 임의로 붙인 명칭이다. 슬픔과 기쁨, 불안과 안정, 행복과 불행 등의 감정 사이에는 수많은 중간적 감정이 존재한다. 그런데 우울증 내담자들이 어떤 상황에서 느끼는 감정은 거의 극과 극으로 달린다. 그래서 대부분의 내담자는 자신은 불행한데 상대방은 행복하다고 느끼고, 자신은 슬픈데 상대는 기쁘다고 여긴다. 감정의 전환 없이 이 상태로 긴 시간을 보낸 내담자는 자신만의 감정에 침몰하게 된다.

그래서 이야기를 통해서 악인이라고 여겼던 상대방의 입장을 구체적으로 생각해보고, 표현하는 것을 반복하여 사이감정을 연습하는 것은 중요하다. 이 사이감정을 연습하는 것은 자신을 포함한 모든 이의 삶을 보편적으로 바라볼 수 있도록 하기 위해서이다.

사이감정을 기르기 위한 문학텍스트로 황선미의 동화 『마당을 나온 암탉』의 마지막 장면을 활용하였다. 주인공 잎싹은 알을 낳지 못하는 폐계이다. 청둥오리의 알을 품어서 정성으로 길렀지만 그렇게 기른 초록이를 멀리 날려 보내고 자신의 몸을 기꺼이 족제비에게 내준다. 족제비에게 목이 물린 채로 잎싹은 족제비의 핏덩어리 같은 어린 새끼들과, 자신이 마지막으로 낳았던 물컹한 알을 떠올린다. 족제비 새끼의 밥이 되기 위해 급소인 목이 물린 잎싹은 뼈마디가 시원하다고 느낀다. 치열한 삶을 살다 가는 잎싹이 영혼이 되어 바라보는 어미 족제비의 삶 또한 처량하기 그지없다. 잎싹이 자신의 목숨과 마음으로 낳은 자식을 지키기 위해서 숙명적인 원수로 여겼던 족제비의 삶도 멀리서 바라보면 고달프기는 마찬가지였다. 잎싹의 영혼이 하늘에서 바라본 비쩍 마른 족제비의 모습은 보편적인 삶에 대한 이해를 증가시킬 수 있는 소재이다.

치료사는 이 동화 중에서 족제비와 암탉의 관계를 설명하는 장면을 실감나게 이야기해준다. 이때 주의할 점은 잎싹(주인공)과 족제비(대적인물)를 동등한 인격체로 내담자에게 이해시켜야 한다는 것이다. 우울증 내담자를 치유하기 위해서는 오히려 족제비의 삶을 더 강조해야 할 것이다. 그래서 모든 삶은 크게 다르지 않고 묵묵히 살아내야 한다는 것을 알게 해야 한다.

"폐계인 암탉이 있었어요. 이 암탉은 자신도 알을 품어서 새끼를 부화시켜보고 싶다는 열정으로 닭장을 나왔어요. 병아리인 줄 알고 품었던 알에서 청둥오리 초록이가 태어났지만, 잎싹은 용감하게 키웠어요. 더구나 아무도 지켜주지 않는 야산에서 말입니다. 그런데 그 야산에는 족제비도 암탉처럼 새끼를 키우고 있었지요. 닭들은 무엇을 먹고 살죠? 사료 말고요. 야산에서 지렁이, 벌레, 열매, 풀 등을 먹고 살잖아요. 족제비는 뭘 먹고 살까요? 족제비는 살아 있는 것을 잡아먹어야 해요. 쥐, 닭, 새 등을 먹지요.

족제비는 어린 새끼들을 먹이기 위해서 밤이면 잎싹과 초록이를 공격하고, 잎싹은 어린 초록이를 지키기 위해서 족제비의 눈을 쪼면서까지 저항하죠. 마지막에 잎싹은 초록이를 날려 보내고, 족제비의 밥이 되죠. 잎싹이 닭의 운명을 마치고 영혼이 되어 바라본 세상은 어떨까요?

여러분은 족제비의 삶을 어떻게 보시나요? 이들은 살아 있는 짐승을 먹이로 삼고 살아야 하는 숙명을 가지고 있어요. 이들에게도 새끼가 있습니다. 우리도 지금 우리의 삶에서 인간이기 때문에 하기 싫어도 하며 사는 것은 무엇인가요?"

내담자들에게 족제비의 입장이 되어 족제비의 삶을 고백해보게 한다.

- 나(족제비)는 이제 애꾸가 되었습니다.
- 내 어린 자식들, 눈도 못 뜨는 새끼들이 가장 좋아하는 먹이를 구하다가 잎싹에게 눈알이 뽑혔습니다.
- 그날은 먹이를 구하지 못하여 새끼들을 굶겼습니다.
- 눈도 못 뜨는 물컹한 새끼들이 꼬물락거리며 내 품에 안겨서 먹이를 찾는 모습을 한 눈으로 보자니 마음이 찢어졌습니다.

내담자들은 족제비 입장에 서봄으로써 매사에 상대의 감정을 생각해볼 수 있게 된다.

- 자식 키우기
- 자식 용돈 주기
- 직장생활하기
- 부부생활
- 사회생활에서 웃고 싶지 않을 때 웃기(여기서부터 본격적으로 치유의 말)
- 말하기 싫을 때 말하기
- 나와 비슷한 사람이 앞서가는 꼴 보기
- 사랑하는 사람(남편, 부인)과 사별
- 꼴보기 싫은 직장의 사람들 보기

내담자들이 사회생활을 못할 만큼 힘든 이유를 종합하면 "보기 싫은 사람들" 때문으로 정리되었다. 내담자들의 사정을 충분히 들어주고 나서 질문을 한다. "그 사람들에게 아내와 자식이 있나요? 그들도 족제비 같은 새끼를 먹여야 하는 부모일 수도 있고, 청둥오리 같은 자식을 길러야 하는 잎싹일 수도 있습니다." 그렇게 족제비의 삶에 대해 생각해보고 대화를 나누기도 했다. "혹시 이러한 이유 이전에 나의 기분이 근본적으로 나빴었던 것은 아닐까요?"(이 단계의 질문은 신중하게 해야 한다. 내담자의 상태가 호전

되었다고 판단되었을 때에 할 수 있는 질문이다)

"감정도 그렇습니다"라고 말하며, 물의 양을 각각 다르게 따라놓은 다섯 개의 투명한 컵을 보여준다. 이때 물의 색깔도 모두 달라야 한다. 이 다섯 개의 컵에 각각 똑같은 양의 물을 더 붓는다. 원래 물이 많이 들어 있던 컵은 넘칠 것이다.

"인간의 삶은 모두 비슷합니다. 인간의 감정도 모두 비슷합니다. 하지만 어릴 때 상처를 입고 치유되지 못하면 그 상처가 '슬픔' '분노' 등의 부정적인 감정으로 늘 남아 있어요. 이 컵의 물처럼 치유되지 않은 상처가 감정으로 남아 있는 사람은 조그마한 아픔도 큰 아픔으로 느껴지고 그 아픔이 넘치기도 합니다."

7) 자기 보존 욕구를 위한 후각 기능 회복

후각은 자기 보존 욕구가 강한 감각이라고 한다. 후각은 어떤 욕망이 결핍되면 매우 민감해지고, 육체나 정신에 문제가 있으면 둔해지기도 한다. 아프면 음식을 못 먹게 될 때가 있는데 이는 냄새를 맡지 못해서이다. 뿐만 아니라 어떤 일로 후각이 너무 예민해져도 음식을 잘 먹지 못한다.

후각은 다른 감각에 비해서 등한시되어왔다. 정진경은 「1930년대 시에 나타난 후각 이미지의 사회·문화적 의미」라는 논문에서 후각의 본능성을 호흡과 더불어 생명과 직결시키며 후각의 중요성을 강조했다. 후각은 심리적, 사회적, 역사적인 차원에서도 의미가 깊지만, 이야기나 시 속에서 후각을 잘 살려내는 것도 삶에서 매우 중요하다.

공선옥의 소설 『내가 가장 예뻤을 때』에는 일상생활에서 사소하게 지나치는 냄새가 구체적으로 등장한다. 주인공 '나'가 친구 승희의 엄마가 베푸는 배려에 눈물짓는 장면이다. 가출한 승희의 집을 찾아간 '나'를 승희 엄마가 반갑게 맞아서 아랫목에 끌어다 앉히며 이불로 덮어주고 두 손을 꼬옥 감싸 쥐어준다. 그 사랑과 배려를 받으며 '나'는 어디선가 친구인 승희가 눈 속을 헤매고 있을 것만 같아서 울음을 삼킨다. 특히 승희 엄마가 내주는 따뜻한 숭늉을 마시면서 울음을 터뜨린다. 승희 엄마의 품에 안겼을 때 풍겨오는 냄새는 "마당의 마른 흙에서 뿜어져 나오는 냄새, 가을에 고구마를 캘 때에 땅속에서 솟아나는 자욱한 냄새, 저녁 냄새"이다. 저녁 냄새는 "뜨물 냄새, 연기 냄새, 수챗물 냄새, 쉰 행주 냄새, 파 마늘 냄새"로 구체화된다.

나는 내담자들과 함께 이 책을 읽고 질문했다. "여러분, 숭늉 좋아하세요? 숭늉을 왜 좋아할까요?"(내담자들 대부분 숭늉에 대해 긍정적인 추억을 가지고 있다)

- 엄마가 생각납니다.
- 할머니가 생각납니다.
- 친구랑 먹었던 전통음식점에서 식사 후에 숭늉을 먹으며 즐거웠던 기억이 있습니다.

"이 이야기에서 나오는 냄새 중에 가장 기억에 남는 냄새를 말해봅시다."

- 연기 냄새
- 행주 냄새
- 파 마늘 냄새

나는 내담자들에게 냄새와 추억을 연관하여 말해보게 했다. 내담자들은 사소한 냄새에 좋은 기억보다 안 좋은 기억을 더 많이 말하고 있었다.

집단 상담일 경우에 말을 길게 하지 않도록 는 것도 중요하다. 너무 길게 말을 하면, 내담자가 말을 하고 나서 자신이 한 말을 후회하는 역효과를 초래하기도 한다.

> 이 그득히들 할머니 할아버지가 있는 안간에들 모여서 방 안에서는 <u>새옷의 내음새가 나고</u>
> 또 <u>인절미 송구떡 콩가루차떡의 내음새도 나고</u> 끼때의 두부와 콩나물과 뽂은 잔디와 고사리와 도야지비계는 모두 선득선득하니 찬 것들이다
> …(중략)…
> 밤이 깊어가는 집안엔 엄매는 엄매들끼리 아르간에서들 웃고 이야기하고 아이들은 아이들끼리 웃간 한 방을 잡고 조아질하고 쌈방이 굴리고 바리깨돌림하고 호박떼기하고 제비손이구손이하고 이렇게 화디의 사기방등에 심지를 몇 번이나 돋구고 홍게닭이

몇 번이나 울어서 졸음이 오면 아릇목 싸움 자리 싸움을 하며 히드득거리다 잠이 든다 그래서는 문창에 텅납새의 그림자가 치는 아츰 시누이 동세들이 욱적하니 흥성거리는 부엌으론 샛문틈으로 장지문틈으로 무이징게국을 끓이는 맛있는 내음새가 올라오도록 잔다

　　　　　　　　　　　　　－ 백석, 「여우난골족」 부분

위의 시 역시 후각을 통한 문학치유에 적절한 텍스트이다. 작품을 읽고 난 후 치료자는 "여러분은 무슨 떡을 가장 좋아하세요?"라고 묻는다. 그리고 그 떡의 냄새에 대해서, 그리고 좋아하는 국에 대해서도 말해보게 한다.

냄새 중에서도 음식 냄새는 가장 기본적인 욕구가 담겨 있어 어린 시절의 추억을 쉽게 회상할 수 있는 도구이다. 또한 이 프로그램에 참여했던 내담자들이 일상으로 돌아가서 후각을 살려 쓰는 계기가 되기도 된다.

우울, 불안은 그것을 대신할 대체물을 발견했을 때 해소될 수 있다. 어릴 때는 놀이를 통해서 이 우울, 불안의 감정이 해소될 수 있다. 또한 스스로 취미를 발견할 수 있을 만큼 성장한 뒤에는 개인에 따라 다양한 대체물이 있을 것이다.

우울과 정상 사이에는 '우울적 위치'가 존재한다. 일반적인 사람들도 우울해질 수 있지만 '우울적 위치'를 잘 통과함으로써 정상적인 삶을 살아갈 수 있다.

극복해낼 수 없는 무거운 부담과 갈등은 신체적 증상으로 전환된다. 무엇보다 감각기관들, 접촉과 교환을 관장하는 기관들이 타격을 입는다. 피부와 호흡기가 그러하다. 정신분석에서는 천식 증상이나 만성 피부염까지도 정신적인 문제에서 기인한 육체의 증상으로 보기도 한다. 또한 우울증을 극복하지 못하면 '가위 눌림'이나 '환각 상태'에 빠질 수 있다.

제3부

상황에 따른 문학치유

The theory and practice of literature therapy

1장 가족 갈등의 예방과 치유

세상의 모든 관계는 문제가 생기면 그것을 치유하는 것이 쉽지 않다. 그중 가족 문제는 더욱 어렵다. 가족 사이에는 본능적으로 사랑하는 마음이 있지만 아주 미묘한 차이로 인해서 관계가 뒤틀릴 수 있기 때문이다. 가족 구성원에게 받은 상처나 충격은 어린 시절에서 비롯된 것이어서 가장 안타까운 문제이기도 하다.

가족을 어떻게 대해야 하는지 가르치는 곳이 있는가? "부모에게 잘하라"는 말은 누구나 자주 들으며 성장하지만, 부모 외의 다른 가족을 사랑하라는 말은 듣기 어렵다. 물론 '형제간에 우애'를 말하기도 하지만, 그 방법을 교육하는 분위기는 아니었다. 무엇이든 한쪽으로 쏠리면 역효과가 나타나기 마련이다. 예부터 효를 중요시해왔던 우리의 전통은 매우 훌륭한 문화유산이다. 하지만 효만 강조되면서 다른 가족에 대한 사랑 부분이 유연하지 못한 것도 사실이다. 가까운 과거만 돌아보더라도 부모 앞에서 제 자식을 드러내놓고 예뻐하는 것이 버릇없는 행동으로 여겨지기도 했다. 즉 부모에 대한 공경은 공식적으로 드러내놓는 것이고, 자식 사랑은 표내지 말고 행하라는 것이 우리 사회의 분위기이다. 이러한 분위기에서는 당연히 부부가 사랑하며 살아가는 문화도 성숙하지 못했다.

지금까지의 가족문화는 오직 부모를 공경하는 형식만 강조하고 자식 사랑은 등한시했다. 그리고 형식만이 강조된 부모 공경 문화도 그 한계가 드러나, 이제는 부모가 늙어 쇠약해지면 요양원으로 모시고, 자식은 기분대로 대하는 관행이 형성되기에 이르렀다. 이렇게 잘못된 가족문화로 인해서 상처 입은 개인들이 거리를 배회하고 있다.

부부가 어떻게 성장해가는지에 대해서 말하지 않는 분위기, 자식을 어떻게 사랑하는지에 대해서 말하지 않는 분위기. 이것이 우리 사회의 가족 풍경이다. 사회는 발전했는데 그 사회의 최소 단위인 가족의 모습은 아직 걸음마 상태인 것이다.

이러한 문제들로 인해 전반적인 가족의 소통 방식이 깨어지기도 했고, 부모를 공경하는 방식마저도 틀어지고 있다. 이것은 사회 분위기에서 기인한 가족관계의 문제점이다.

나는 '가족 공동체도 자라고 성장하는 나무와 같다'는 인식이 가장 중요하다고 본다. 겉으로는 행복해 보이는 가정도 알고 보면 성장하지 못한 어린 나무와 같기도 하고, 겉으로는 보잘것없는 가정도 알고 보면 성숙한 집안이기도 하다.

한 가족이 하나의 살아 있는 공동체로 자라지 못하고 정체되어 있는 경우, 그 원인은 주로 그 가족 중 성장 과정으로 인해 상처를 가진 자일 확률이 높다.

1. 사회불안장애를 극복해야 가정이 평화롭다

사회적으로는 선량하고 유능하다고 인정받는데 가정에서는 그다지 좋은 사람이 아닌 경우가 있다. 사회불안장애를 가진 사람이 사회생활을 잘 할 경우, 그 사람은 심한 불안, 수줍음, 회피 등의 감정을 극복하기 위해서 에너지를 소비하게 된다. 이런 사람은 한정된 에너지를 사회생활에 모두 소진하기 때문에 가정에 돌아오면 가족에게 쓸 수 있는 긍정적인 에너지가 없다. 가족 중에 한 명이라도 이런 사람이 있다면 그 사람이 한 가정을 공포로 몰아넣을 확률이 크다. 만약 경제권을 가진 부모가 이 경우에 해당한다면 가정이 흔들릴 우려가 매우 높다.

사회불안장애를 가진 사람이어도 사회생활은 잘 할 수 있다. 불안을 많이 느끼는 만큼 인간관계나 업무 처리 능력도 더 뛰어나서 인정받을 수 있다. 다만 그로 인해서 불안과 육체적 피로가 누적되어 그것을 가정에서 폭발시키는 게 문제이다.

예를 들어 여기 불안 증세를 보이는 홍길동이라는 사람이 있다. 홍길동은 늘 불안한 상태이기에 상사에게 필요 이상으로 극진하게 대한다. 부하 직원들에게도 필요 이상의 덕담과 친절을 베푼다. 그

렇게 하기 위해서 누구를 만나든 극도로 에너지를 낭비하며 최고
의 말과 행동을 하기 위해 발버둥칠 것이다. 그런데 한 인간이 사
용할 수 있는 에너지는 한계가 있기 때문에 사회생활에 무리를 하
다 보면 에너지는 소진되어버린다. 결국 사회불안장애가 극복되지
못하면 가정에서의 삶은 피폐해지기 마련이다.

이러한 불안증을 가진 사람들이 편안한 상태(에너지 소진 상태)
에서 하는 말은 주로 비아냥거림이다. 가정에서 이러한 말을 듣고
자라는 아이들도 올바로 성장하지 못하게 된다.

■ 내면의 상처 인식

가족 치료는 '개인 치료' '가족 전체 치료', '가족과 가족 집단 치
료'로 구분할 수 있다. 상황에 따라 개인에서 집단으로 범위를 넓
혀서 진행하는 것이 가장 적합할 것이다.

안데르센의 동화「미운 오리 새끼」는 가족 개인의 상처 치료와
가족 전체 치료 자료로 적합하다.

> 드디어 마지막 알을 깨고 오리 한 마리가 걸어나왔어요. 어미
> 오리는 비로소 안도의 한숨을 내쉬었어요. 며칠 뒤 어미 오리는
> 새끼 오리들을 데리고 언덕에 갔어요. 거기에는 많은 오리들이 놀
> 고 있었어요.
> "아니, 뭐 저렇게 생긴 오리가 다 있어? 어디서 온 못난이지?"
> "그러게 말이야, 저런 못난이가 우리와 같은 오리란 말이야?"

오리들은 우르르 몰려들더니 미운 오리 새끼를 마구 쪼아댔어요.

"내 귀여운 새끼에게 무슨 짓들이에요!"

어미 오리가 가로막고 소리쳤지만 소용없었어요.

미운 오리 새끼는 집으로 돌아왔어요. 하지만 형제들도 마찬가지로 미운 오리 새끼를 구박했지요.

"아아, 저 아이는 차라리 이곳을 떠나 어디론가 멀리 가버리는 게 좋겠어. 어디서 살더라도 행복하게 살기만 하면 될 텐데……."

어미 오리는 이렇게 말하며 눈물을 흘렸지요.

"그래, 엄마 말대로 이곳을 떠나자. 다른 곳에 가면 친구가 있을 거야."

어느 날, 미운 오리 새끼는 돌담을 넘어 풀밭으로 뛰어내렸어요. 그러자 풀밭에서 놀고 있던 새들이 깜짝 놀라 날아가버렸어요. 개구리들도 뿔뿔이 흩어져 달아났어요.

미운 오리는 모두 자신을 싫어한다는 것을 알고, 또 길을 떠났어요.

이제 어디로 가야 하지? 눈까지 내렸어요. 할 수 없이 어느 집 문을 두드렸지요. 착한 할머니가 문을 열어주었지요. 그 집의 헛간에서 몸을 녹이고 다음 날 할머니로부터 맛있는 음식을 대접받았지요. 그런데 그 집에 사는 고양이와 닭이 너무 들볶아 견디지 못하고 할머니 집에서 나왔어요.

미운 오리 새끼는 다시 외로운 여행을 했어요.

'이 넓은 세상에 나를 반겨줄 곳이 이렇게 없단 말인가!'

새끼 오리는 그런 생각을 하며 걸었어요. 그렇게 얼마쯤 가자 큰 호수가 있었어요. 마침 그곳에 사는 친절한 들쥐가 먹이를 나누어주었지요. 미운 오리 새끼는 이렇게 길고 추운 겨울을 호숫가에서 지냈어요.

이윽고 눈이 녹고 따뜻한 봄이 왔어요. 미운 오리 새끼는 한껏 기지개를 켰어요. 그러자 날갯죽지가 근질근질했어요. 미운 오리 새끼는 힘껏 날갯짓을 했어요. 다음 순간, 미운 오리 새끼의 몸은 하늘로 떠올랐어요.

제일 먼저 '아버지'를 대상으로 한 가족 치료 방법을 소개하겠다.

가족치료에 응한 아버지는 크게 두 부류로 나누어진다. 매우 난폭하여 아주 간단한 책 읽기도 거부하는 사람과 겉으로 보기에 유순하여 제공하는 자료를 쉽게 읽는 사람이다. 그래서 내담자의 자료 수용 여부를 먼저 판단하는 것은 매우 중요하다. 자료를 간단하게 만드는 것은 필수적이고, 이마저도 읽기 싫어하는 분을 위해서는 구연해주는 방법도 사용해야 한다.

동화 「미운 오리 새끼」를 내담자에게 제공하고, 간단하게 이해 정도를 알아본다.

"여러분은 혹시 미운 오리 새끼로 성장하시지 않으셨나요? 여러분의 마음 속에 미운 오리 새끼 한 마리가 있지는 않나요?

미운 오리 새끼는 태어나서 형제에게 미움받았고,

_____에서 쫓겨나고,

_____에서 쫓겨나고,

_____에서 쫓겨났습니다.

백조가 된 그 미운 오리 새끼는 행복할까요? 그 미운 오리 새끼의 모습은 백조가 되었지만 물 밑에 있는 발은 엄청 바쁠 거예요. 그래서 밖에서는 백조로 살고, 집에 돌아오면 미운 오리 새끼의 모습이 올라오려고 하지요.

자, 이제 우리 진정한 백조로 살아요. 그러려면 미운 오리 새끼를 밖으로 꺼내주어야 합니다. 그래야 집에서도 백조 사회에서도 백조로 살 수 있습니다."

그러고 나서 내담자에게 고백해보게 한다.

나는 _____에서 미움받았고,

_____에서 고난당했고, 요즘에는

_____에서 스트레스를 받습니다.

마음속에 억압이 있으면 상대방이 바로 보이지 않는다. 최현석의 『인간의 모든 감정』에 의하면 마음속에 자리하는 기본 감정에 의해 상대방을 향한 감정이 결정된다고 한다. 상대방이 자기보다 강하다고 생각하면 슬픔을 느끼게 되고, 자기보다 약하다고 생각하면 분노를 느낀다는 말은 억압에 따른 심리를 심도 있게 보여주고 있다. 이로써 현재 마음속에 있는 억압을 풀어주지 않으면, 사회(강한 대상)에서는 슬픔을 느끼고 약한 대상에서는 분노를 느낄 수 있다는 것을 쉽게 이해할 수 있다. 또한 슬픔과 분노의 실체는 같은 맥락으로 이해해야 한다는 것을 알 수 있다. 그래서 내담자가 슬픔과 분노를 느끼는 상황과 대상을 먼저 이해할 수 있는 텍스트를 결정하는 것은 매우 중요한 작업이다. 다음 시를 보면서 내담자에게 내재하는 슬픔과 분노의 실체를 파악해보는 방법을 살펴보자.

거리는 장날이다

장날 거리에 영감들이 지나간다
영감들은
말상을 하였다 범상을 하였다 족제비상을 하였다
개발코를 하였다 안장코를 하였다 질병코를 하였다
그 코에는 모두 학질을 썼다
돌체 돋보기다 대모체 돋보기다 로이드 돋보기다
영감들은 유리창 같은 눈을 번득거리며
투박한 북관 말을 떠들어대며
쇠리쇠리한 저녁해 속에
사나운 짐승같이들 사라졌다

— 백석, 「석양」

백석은 멋지고 잘난 영감들을 "말상, 범상, 족제비상, 개발코, 안장코, 질병코"라고 표현하고 있다. 이 시를 읽게 하고 내담자들에게 주변의 사람을 다른 대상으로 비유하여 표현해보게 한다. "말상, 범상, 족제비상, 개발코, 안장코, 질병코, 여우, 늑대, 도둑, 강도, 고양이, 말대가리" 등의 부정적인 예시들을 먼저 제공한다.

- 사장님은 (범상)
- 부장님은 (개대가리상)
- 고객은 (쪽재비상)

이렇게 자신을 억압하는 대상에 대해서 생각해보게 하고, 돌아가면서 게임 형식으로 손뼉을 치거나 발로 밟는 흉내를 내면서 크게 말해보게 한다.

그리고 빈칸을 자신의 상황에 맞게 채워 넣도록 한다. 다음은 어느 은행원이 「석양」을 바꾸어 넣은 시이다.

은행창구는 지옥이다
은행창구에 악마들이 지나간다
악마들은
말상을 하였다 범상을 하였다 족제비상을 하였다
개발코를 하였다 안장코를 하였다 질병코를 하였다
그 코에는 모두 학질을 썼다
명품 백 에다 샤넬 돋보기다 화장을 했다
악마들은 유리창 같은 눈을 번득거리며
투박한 욕을 떠들어대며
이글이글한 지옥 속에
사나운 짐승같이들 사라졌다

2. 진실로 조건 없는 사랑

가만히 생각해보면 가족 간의 사랑에도 조건이 전제되어 있다. 사랑이 추해지는 것은 그 사랑에 조건이 개입되기 시작하면서이다. 가족관계도 마찬가지이다. 가족 간의 사랑 앞에 조건이 붙으면 그 빛이 퇴색되기 마련이다. 특히 요즘의 가족관계에도 은밀하게 조건이 붙어 있다.

가만히 생각해보면 부모가 자식에게 일방적으로 어떤 행동을 요구하는 것은 그가 베푼 사랑에 대한 대가라고 볼 수 있다. 자식이 어떤 성과를 이루기를 다그치며 원하는 것도 일종의 조건부 사랑이다. 아마도 요즘 가정불화의 가장 큰 원인은 자식을 향한 부모의 '조건부 사랑'일 것이다.

다음은 어머니와 자녀 간의 치료에 적합한 자료이다. 어머니에게 이 자료를 주고 먼저 읽게 한다. 짧은 내용으로 쉽게 구연이 가능하다. 어머니가 자녀를 업고, 이야기와 똑같이 재연한다. 자녀를 업을 수 없을 경우는 자녀가 어머니의 목을 안고 등에 기댄 채로 구연한다. 그리고 세숫대야에 얼음물을 준비해둔다.

추운 겨울에 엄마 토끼가 아기 토끼를 업고 길을 나섰습니다. 엄마 토끼는 아기 토끼에게 재미있는 이야기를 들려주면서 걸었습니다. 이렇게 그들은 얕은 시냇가에 이르렀습니다. 시내에는 군데군데 살얼음이 얼어 있었습니다. 징검다리도 놓여 있지 않았습니다. 엄마 토끼는 주저하지 않고, 바지를 동동 걷어 올렸습니다. 엄마는 다시 아기를 업고 아무렇지도 않게 그 차가운 시냇물을 건너면서 아기를 위해서 이야기를 해주었습니다.

아기는 엄마 등에 꼭 엎드려서 엄마에게 여쭈었습니다.

"엄마, 발 시렵겠다. 엄마, 엄마는 왜 나한테 이렇게 잘해줘?"

엄마는 아기를 다시 한번 야무지게 들쳐업으면서 대답했습니다.

"모든 엄마는 원래 그래. 너도 나중에 아기를 낳으면 너의 아기를 이렇게 키우면서 살아라."

이 이야기를 들려주고, 조용히 묻는다. "여러분은 자식을 정말 아무 조건 없이 사랑하시나요? 아무 조건 없이 자식을 사랑하셨다고 생각하신 분은 양말을 벗고 혼자서 대야에 발을 담그세요. 자식을 사랑하는 데 다른 조건이 있었다고 생각하시는 분은 자녀와 함께 대야에 발을 담그세요. (대야의 물은 얼음물입니다.) 발을 담근 채로 서로에게 하고 싶은 이야기를 하십시오."

내담자는 어머니와 자녀 간에 대화가 이어지도록 유도한다. "엄마 아빠가 '너 위해서 공부하고 하는 거야'라고 하시고, 야단치시는 거 너무 힘들었죠?" "엄마 아빠가 싸울 때마다 가슴이 철렁 내려앉았죠?"

다음으로 서로의 발을 수건으로 닦아주게 한다(이때 음악과 조명으로 충분히 이야기를 나눌 수 있는 분위기를 만들어준다).

차가운 얼음물에 발을 담글 때 대부분의 부모는 자식의 발이 시릴까 봐 걱정하는 한편, 자식은 자신의 발이 시리다는 것을 먼저 생각할 것이다. 대부분의 부모는 발을 담그고 "○○야, 발 시리지?" 하고 묻는다. 부모는 자식의 마음, 심리, 공부 등에 대해서 이해할 수 있는 상황만 주어지면 공감할 수 있는 존재이다.

지금까지 실시한 훈련은 위와 같은 상황을 설정해줌으로써 가정 불화의 첫 번째 문제인 성적, 두 번째 문제인 부부 갈등, 세 번째 문제인 경제적 불안정 등의 상황에서 자식이 상처받지 않을 '공감'을 인식시키는 과정이다.

3. 가족에게도 환상이 필요하다

소통이 깨진 가족에게는 함께하는 이야기가 없다. 한 사람의 인생에서 환상이 빨리 깨질수록 그 삶이 삭막해져가듯이 가정도 마찬가지다. 환상이 없는 가정일수록 삭막하다. 다음의 동화를 가족 내담자들에게 제공한다. 상황에 따라서 아버지가 대표로 읽고 자녀들에게 구연 형식으로 들려주는 방식을 사용하면 더 효과적이다.

마침내 식당 문을 두드리며 이렇게 외치는 것이었다.
"임금님의 막내 공주님, 저를 위해서 문을 열어주세요."
공주는 식탁에서 일어나 누가 자기를 찾나 하고 달려나갔다. 문을 열자, 축축하고, 시퍼렇고, 차가운 바로 그 개구리가 와 있는 것이 아닌가!
공주는 야멸차게 문을 꽝 닫아버리고, 식탁으로 돌아왔다. 공주의 가슴이 빠르게 쿵쿵 뛰었다. 왕은 공주가 겁에 질리고 걱정으로 가득 차 있다는 것을 한눈에 알 수 있었다.
"아가야, 네가 두려워하는 것이 무엇이냐? 밖에 거인이 와서 잡아가기라도 한다더냐?"
"아, 아니에요. 밖에 온 건 거인이 아니라 끔찍한 늙은 개구리에요."
"개구리가 네게 무슨 볼일이 있느냐?"
"아, 사랑하는 아버지, 제가 어제 우물가 보리수 아래에서 놀다가 황금 공을 우물에 빠뜨렸어요. 제가 너무 섭섭게 우니까 저 개구리가 황금 공을 꺼내다 주었어요. 그런데 개구리가 하도 조르길래, 제가 놀이 친구가 되어주겠다고 약속했거든요. 약속은 했지만, 설마 개구리가 우물을 떠나서 살 수 있을 거라고는 꿈에도 생각하지 못했어요.”

공주가 이렇게 이야기하고 있을 때, 개구리는 다시 문을 두드리며 이렇게 외쳤다.

“임금님의 막내 공주님, 저를 위해 문을 열어요. 우물가의 약속을 잊지 말고, 저를 위해 문을 열어요!”

사연을 듣고 난 왕은 말했다.

“공주야, 약속을 했다면 지켜야 하는 법이란다. 어서 가서 문을 열어라.”

공주는 문을 열어주고 싶지 않았지만 아버지의 말을 거역할 수 없었다. 안으로 들어온 개구리는 마루에 앉아서 말했다.

“저를 공주님 곁으로 끌어올려주세요.”

공주는 망설였다. 개구리는 차갑고 끈적끈적하기 때문이었다. 그러나 아버지는 엄한 표정으로 공주를 바라보며 말했다.

“약속은 지켜야 한다.”

공주는 소름이 끼쳤지만 시키는 대로 했다. 개구리는 맛있게 밥을 먹었다. 반면에 공주는 한입도 삼킬 수 없었다.

…(중략)…

차갑고 뚱뚱한 개구리가 또 말했다,

“졸리다니까요. 어서 저를 데려가 침대에 눕혀주세요.”

공주는 몸서리 치면서 아버지를 쳐다보았다. 그러나 아버지는 이렇게 말할 뿐이었다.

“이 개구리는 네가 곤경에 빠졌을 때 널 도와줬다. 이제 와서 그를 멸시한다면 그게 옳은 일이냐?”

공주는 개구리를 안고 자기 방으로 들어갈 수밖에 없었다.

…(중략)…

마침내 견디다 못한 공주는 개구리를 번쩍 들어 벽에 내동댕이쳐버렸다. 그런데 그 순간 놀라운 일이 벌어졌다. 차갑고, 뚱뚱하고, 눈이 툭 튀어나온 개구리가 멋지고 상냥한 눈을 한 젊은 왕자로 변한 것이다.

"이제 알겠죠? 나는 본래 모습과는 다른 모습을 하고 있었소! 어떤 사악한 노파가 내게 마법을 걸었소. 그 마법을 풀려면 공주가 나를 힘껏 내던져야만 했지. 공주여, 나는 당신이 나를 도와주기를 그 우물에서 기다리고 또 기다렸다오."

그림 형제의 「개구리 왕자」를 읽고, 다음의 질문에 답해보게 한다.

"우리(부모/자녀)는 보이지 않는 가치를 믿으며, 현실의 불편함을 참을 수 있나요?"

"우리(부모/자녀)는 보이지 않는 양심을 믿으며 자식에게 웃으라고 말할 수 있나요?"

"우리(부모/자녀)는 보이지 않는 세계를 믿으며, 우리 집 문 앞에 서 있는 거지에게 돈을 주기 위해 문을 열어주라고 서로에게 말할 수 있나요?"

가족 간에 보이지 않는 환상과 가치를 소중하게 여기는 분위기가 사소한 것에 실망하지 않는 건강한 가정을 만들어갈 수 있다. 가족끼리 이러한 작은 가치를 인정하며 살아가면 서로가 체면을 지키며 사는 가정이 될 수 있다. 또한 이러한 가족의 일원은 사회생활에서도 원활한 인간관계를 만들어갈 수 있다.

마음속에 불안이 있는 사람은 매사에 비아냥거림, 분노의 말을 하게 된다. 이러한 말투는 가족관계에서 유독 더하여 서로에게 상처를 준다. 더구나 가족으로부터 들은 말, 받은 대우는 그대로 각인되어 그 사람의 생각과 인간관계를 지배한다.

『바보 빅터』에서 로라의 아버지가 로라에게 했던 말은 불안으로 인한 문제를 안고 있는 가족관계에서 전형적으로 나올 수 있는 잘못된 말이다.

로라의 아버지는 로라를 "우리 못난이"라고 부른다. 피겨스타가 되겠다는 딸의 말에 "피겨스타가 되겠다고? 너는 테니스 라켓도 휘두르지 못하고 그만두었고 피아노도 치다가 그만둔 바보잖아?"라고 비아냥거린다. 로라 아버지의 이런 말투도 상처에서 비롯되었다. 예쁜 딸 로라가 유괴되는 끔찍한 일을 경험하고는 첫 자식을 예쁘게 키우고자 하는 욕망을 거세당한 것이다. 아버지의 이 충족되지 못한 욕구 로라를 자기비하와 의지 상실로 몰아넣었다.

치료를 위해서 치료사는 이 이야기의 전말을 설명해준다. 그리고 내담자 중 부모에게 책 속 로라 아버지의 비아냥대는 대사를 해보게 했다.

자녀들에게는 부모님이 자주 하는 말을 써보라고 했다. 그것을 부모에게 자식의 상황에 맞추어 비아냥거림의 말로 바꾸어서 말해보게 했다. 가족 상담을 하면서 부모들이 일상생활에서 자녀에게 하는 말을 잘 기억하지 못한다는 사실에 나는 깜짝 놀랐다. 그리고 자신의 불만족스런 과거를 보상하기 위해 무의식적으로 자녀에게 자기 뜻을 강요하고 있다는 것을 알 수 있다.

다음으로 그러한 강요와 비아냥거림의 말을 직접적이고 긍정적인 말로 바꾸어서 말해보게 했다. 한 아버지는 이렇게 말했다.

"공부 열심히 해라. 지금부터 열심히 네가 열심히 한다면 아빠는 이제까지 너에게 투자한 돈이 하나도 아깝지 않다."

그러나 이 말 또한 자식이 듣기 싫어하기는 마찬가지이다.

사실, 『바보 빅터』의 로라는 예쁘고 똑똑한 여성이다. 하지만 부모의 말과 행동 때문에 자신이 못났다고 여기고 있을 뿐만 아니라 일상에서 하는 모든 일을 제대로 하지 못하게 되었다. 이러한 점을 가족 내담자들에게 잘 설명한 후, 로라의 가족 입장에서 로라에 대해 생각해보게 했다(로라 부모에게는 로라를 잃어버릴 뻔한 끔찍한 기억이 있다).

- 못난이
- 피겨스타
- 테니스 선수
- 피아니스트

이것을 칭찬과 진심이 담긴 말로 바꾸어보게 했다.

- 용감한 로라
- 피겨스타가 테니스 선수 되다.
- 테니스 선수가 연주하는 환상적인 피아노 연주

이 과정을 내담자들의 가족에게 적용해보게 했다.

- 동글동글 눈이 예쁜 은영이
- 만화책을 많이 읽어서, 애니메이션 작가가 될 은영이
- 창의력이 뛰어난 은영이의 피아노 연주

4. 건강한 역할 분리

요즘 가족은 거의 핵가족으로 구성되어 있다. 핵가족이 행복하려면 부부가 그 가정의 중심을 잘 잡아야 한다. 부부가 원만하게 지낼 때 자녀들이 건강하게 자란다. 부부가 원만하려면 그 가정의 상황에 맞는 역할이 중요하다. 부부는 한 몸과 같아서 역할이 확실하지 않을 때 큰 어려움이 따를 수 있다.

나는 부부 내담자에게 물었다. "여러분, 힘드시죠? 세상에 이렇게 힘든 관계는 처음 느껴보시죠? (공감) 여러분 다른 사람들과의 관계에 비해 부부 사이의 갈등이 훨씬 힘든 이유는 무엇일까요?" 이 물음에 대한 부부들의 답은 대부분 다음과 같다.

- 한 집에 살기 때문이에요.
- 자식을 길러야 하기 때문이에요.
- 바람을 피우기 때문이에요.

- 남편이 고집을 부리기 때문에요.

- 성격이 맞지 않기 때문이에요.

이 대답에 적극적으로 호응해주고 나서 다음 우화를 읽게 한다.

　뱀은 움직일 때 항상 머리부터 앞으로 나갔어요. 꼬리는 머리가 움직인 쪽으로 끌려가듯 뒤따라갔지요. '내가 머리보다 못한 게 뭐가 있어서 만날 뒤에서 따라다녀야만 하지? 정말 짜증 나!' 꼬리는 그게 항상 불만이었어요.
　그러던 어느 날, 꼬리가 참다못해 화를 내고 말았어요.
　"머리야, 이렇게 뒤에서 널 따라가는 게 얼마나 짜증나는지 넌 모를 거야. 넌 언제나 네가 가고 싶은 곳으로 가고 멈추고 싶을 때마다 멈추잖아. 우리는 한 몸뚱이에 붙어 있는데 왜 너만 앞에 가니? 정말 불공평해! 난 이제 네 뒤를 따라가지 않겠어. 내 마음대로 할 거라고."
　이 말을 들은 머리는 꼬리의 생각이 오해라고 애써서 설명했지만 꼬리는 듣지 않았지요.
　"흥! 그럼 이제부터 머리 네가 날 따라와."
　머리는 도저히 꼬리의 생각을 바꿀 수 없었어요. 꼬리는 앞이 보이지 않았지만 스륵스륵 자신 있게 나아갔어요. 조금 걱정이 되긴 했지만 꼬리는 애써 얻은 기회를 놓치고 싶지 않았어요.
　꼬리는 구덩이에 빠지고 가시덤불에 갇히면서도 계속 앞장서서 갔어요. 그러다 마침내 활활 타오르는 불구덩이에 들어가고 말았어요.
　"머리야, 너무 뜨거워. 네가 나가는 길을 찾아봐. 이제 군말 없이 네 뒤를 따라다닐게."
　하지만 때는 이미 늦었어요. 결국 꼬리와 머리는 불길에서 빠져

나오지 못하고 불에 타 죽고 말았지요.

　부부 사이의 갈등을 쉽게 해결하지 못하는 것은 부부가 한 몸이나 마찬가지이기 때문이다. "그러니까 고유의 역할을 바꾸거나 강요하는 것보다는 원래의 상태를 인정해주는 것은 어떨까요? 우리는 다양한 상황을 모두 선택해서 살 수는 없어요. 그래서 마음을 바꾸지 않고서는 어떤 선택을 해도 다툼이 생길 수 있습니다."

　내담자 부부에게 뱀의 머리만 그려진 그림과 꼬리만 그려진 그림을 보여주고 하나씩 택하게 했다. 그것을 각자 들고 상자 속 물건의 이름을 알아맞히는 게임을 한다.

　게임은 다음과 같이 진행된다. 사과, 바나나, 초코파이, 땅콩, 공, 풍선, 인형, 책, 떡 같은 여러 가지 물건 중 두 가지만 고른다. 부부의 자녀들에게 힌트를 쓰게 하고(두 가지 물건을 연상할 수 있는 힌트로), 상자에는 그중 한 가지만 넣어둔다. 그러고 나서 남편과 아내에게 상자 속에 든 물건을 상의해서 알아맞히게 하는 것이다.

　두 종류 물건에 대한 힌트를 들은 부부는 진지하게 상의를 할 것이다. 상자 속 물건을 알아맞히면 남편과 아내가 들고 있던 뱀의 머리와 꼬리를 붙여준다.

　그다음, 남편에게 자기가 원하는 대로 하다가 가시덤불(어려움)에 갇힌 적이 있었는지 그 기억을 말해보게 한다. 아내에게도 원하는 대로 하다가 뜨거운 불길(어려움)에 휩싸여본 기억을 말해보게 한다.

내가 만난 내담자들은 거의 모두 이 부분에 대해서 구체적으로 답변을 못 하였다. 다만, 일상적이지만 추상적인 불만을 서로에게 말하였다. 이는 결혼 생활이 지속되면서 서로를 가장 편한 상대로 받아들이게 되면서 발생한 문제였다. 남편은 아내에게 아내는 남편에게 자신의 본모습을 그대로 드러내기 시작한 것이다. 또 둘 중한 명이 일방적으로 자신의 본성을 드러내는 가정도 있었다. 모두 공통점은 크고 작은 자신의 상처 때문에 가장 편안한 상대인 가족에게 불만을 표출한다는 것이었다. 그래서 가족 치료 대상자는 결국 개인 치료를 필요로 한다.

편집적 정신분열증에는 환각과 망상 증상이 포함된다. 이 망상에는 질투에 기초한 망상뿐만 아니라 박해망상, 과대망상, 신체망상이 포함된다. 이외에도 누군가 자기 생각을 읽고 자기를 조종하거나, 자신이 다른 누군가를 조종하고 있다는 믿음이 있다. 여기에 우울, 막연한 초조감, 분노, 간헐적 폭력 등을 포함한다.

편집적 성격의 특성인 경직성은 내면의 혼란을 감추는 가면으로 작용할 수도 있다. 이 편집적 정신분열증은 가족 중 여러 사람에게 발병하는 경우가 빈번하다는 연구 결과가 있다. 포악한 아버지에게 가학적으로 양육된 아동들에게 이 증세가 많다는 것이다. 즉 편집적 정신분열증의 핵은 아동기 경험 안에서 길러진다고 볼 수 있다.

2장 친구 갈등 예방과 치유 : 중학생 대상

영·유아기 때의 상처는 전반적인 삶을 지배하는 정서로 이어질 가능성이 높다. 그래서 가족 집단 이외의 최초의 사회생활인 학교에서부터 이에 대한 문제는 시작된다. 익히 잘 알려진 왕따, 학교 폭력 등의 문제가 바로 그것이다.

나는 10여 년간 아이들과 함께 책을 읽어오면서 '아이는 예나 지금이나 아이일 뿐이다'라는 사실에 변함이 없다는 것을 알았다. 사람들은 "요즘 아이들은 변했다. 쟤들은 왜 저래"라고들 한다. 옛날 사람들도 그 당시의 아이들에게 비슷한 말을 해왔음은 옛 문헌을 보면 알 수 있다. 바뀐 것은 아이들을 대하는 어른들의 태도이다. 사회에서든 가정에서든 아이들에게 바라는 게 한쪽으로 심하게 쏠려 있다. 그래서 요즘 아이들은 억압되어 있고, 이 억압이 친구 간의 비아냥거림, 질투, 폭력으로 나타나고 있다.

요즘 아이들이 변했다면 진짜 달라진 모습은 무엇일까? 다양한 인간관계를 체험하지 못하고 자란다는 것이다. 그래서 '느낌'과 '감정'의 조화를 체득해야 할 시기를 놓치며 자란다. '느낌'과 '감정'의 조화는 배우는 것이 아니라 체험을 통해서 자기화하는 것이다. 더 중요한 것은 '느낌'과 '감정'을 체득하는 시기는 거의 7세 정도까지라는 것이다.

이즈음에서 어떤 독자는 가슴이 철렁 내려앉을 것이다. 자녀가 학교에서 문제를 겪고 있는 부모라면 말이다. 그런데 큰 걱정은 하지 말고 계속 읽어나가시길. 나는 불가능을 말하려는 게 아니라 가능성을 말하려는 것이기 때문이다. 문학에는 최면술을 쓰지 않더라도 무의식을 자극하여 어린 시절에 뒤집히고 꼬여버린 자리를 찾아서 풀어갈 수 있는 치유의 기능이 있기 때문이다.

■ 친구 관계에 문제를 일으키는 조현병

요즘 아이들은 예전 아이들보다 부모의 보살핌에서 빨리 벗어나는 등의 이유로 억압되어 있다. 그 결과 괜한 망상에 사로잡혀 있는 아이들이 많다. 과대망상, 피해망상의 증상을 아우르는 조현병, 이것이 그들의 병명이다. 이러한 정신질환은 숨길 일이 아니다. 감기처럼 드러내놓고 치료해야 하는 병이다.

우리 아이들은 거의 조현병에 노출되어 있다. 육체적 질병에 잠복기나 보균자가 있듯이 정신질환도 그렇다. 그래서 나는 친구 관계에서 가해 성향이나 피해 성향이 있는 아이들을 '내재 내담자'라고 본다.

정신질환은 지속적으로 가해지는 상처 때문에 발생하기도 하고 한순간의 충격이 무의식 안에 크게 자리하여 발생하기도 한다. 치유되지 못하고 무의식층에 감추어진 상처는 언제 어떤 상황에서든 의식화될 수 있다. 나는 중학생 내담자들을 만나면서 이 시기가 의식화되기 시작하는 시점임을 짐작할 수 있었다. 특히 학교에서 친구 사이에 일어나는 문제는 과대망상 증상이 있는 아이와 피해망상 내재 내담자가 만나게 되는 순간이다.

우리나라의 현실이 그렇듯이 가정에서든 학교에서든 공부를 최우선으로 생각한다. 그런 데다 절대평가가 강조되면서부터 대부분 초등학생 아이들은 성적이 우수하다. 당연히 초등학생 때에는 모두가 자신이 최고인 줄 알고 있다. 그런데 아무리 절대평가를 실시해도 중학생이 되면 모든 학생이 성적에 따른 자신의 위치를 처절하게 알게 된다. 이때 자존감이 정상적으로 성숙하지 못한 채 공부 못하는 자신의 위치를 알게 된 중학생은 과대망상과 피해망상을 동시에 드러낸다. 대부분의 아이들은 초등학교 때까지 부모와 주변의 모든 사람들로부터 공부 잘하는 아이로 대우받았다. 그런데 중학생이 되어 여실히 드러난 성적을 보며 그 자리를 대체할 그 무엇이 필요해진 것이다. 공부에서 내몰린 그들은 허세 가득한 말을 하고 비싼 옷, 가방, 학용품, 최신 휴대폰 등으로 성적을 대신하기 위해 안간힘을 쓴다. 중학교 2학년이 정도 되면 암묵적으로 공부의 한계를 깨닫게 된 대부분의 아이들이 공부 이외의 다른 면에서는 서로 안 지기 위해서 그야말로 과대한 망상을 현실에서 표현한다. 어른들은 북한이 대한민국에 쳐들어오지 못하는 건 중2병 아이들이 무서워서라는 우스갯소리를 한다.

실제로 현장에서 중학교 2학년 즈음의 아이들이 또래끼리 어울리는 모습을 보면 전쟁을 보는 듯하다. 비아냥거림이 도를 넘어섰고, 욕이 난무한다. 이는 자신이 최고라고 착각하게 했던 허울 좋은 절대평가 교육이 만들어낸 과대망상의 결과물이다. 물론 건강한 부모로부터 편안한 인성이 길러진 청소년들은 문제가 없다. 하지만 대부분의 부모들도 자식과 비슷한 상황이라서 과대망상을 일으키는 교육 현실 속에서 함께 휘청거린 자식들과 크게 다르지 않다.

이러한 아이들 사이에서 학교생활을 해야 하는 멀쩡한 아이들도 역시 균형을 잡기 위한 연습이 필요하다. 이와 같은 청소년의 마음을 정상화하기 위해 나는 '조현병' 이론을 적용해보았다.

'조현병(調鉉病)'은 정신분열증을 대체한 용어이다. 정신분열증이란 병명이 사회적인 이질감과 거부감을 불러일으킨다는 이유로, 편견을 없애기 위하여 개명된 것이다. 조현(調鉉)이란 사전적으로는 현악기의 줄을 고른다는 뜻으로, 조현병 환자의 상태가 마치 현악기가 정상적으로 조율되지 못했을 때처럼 혼란스럽다는 데서 비롯되었다.

조현병은 망상, 환청, 와해된 언어, 정서적 둔감 등의 증상과 더불어 사회적 기능에 장애를 일으킬 수도 있는 질환으로, 예후가 좋지 않고 만성적인 경과를 보여 환자나 가족들에게 상당한 고통을 주지만, 최근 약물 요법을 비롯한 치료적 접근법이 뚜렷이 진보하였으므로 조기 진단과 치료에 적극적인 관심이 필요한 질환이다.

1. 가해자의 조현증(과대망상)

아이가 부모님으로부터 받은 상처는 학교 등의 사회에서 친구 관계에 부적응하는 것으로 나타난다.

단체 생활에서 누군가를 괴롭히는 일을 주동하거나 가담하는 사람은 원만한 친구 관계를 형성하지 못한다. 이러한 사람의 의식(무의식) 속에는 누군가와 친밀감을 유지하기 위해서는 누군가를 배척해야 한다는 양가적인 속성이 있기 때문이다. 나는 청소년들 중에 단체 생활에서 남을 괴롭히는 아이에게는 과대망상, 괴롭힘을 당하는 아이에게는 피해망상에 가까운 증세가 있다고 보고 있다.

과대망상은 자신에게 힘이 있으며 무슨 일이든지 할 수 있다고 믿는 것을 말한다. 이는 자신의 열등감·패배감·불안감 등을 보상받아야 한다는 의식(무의식)의 발로에서 생겨난다. 그 결과 자신이 보기에 약점이 있는 친구를 죄책감도 거의 없이 괴롭히게 된다.

> 옛날 강원도 깊은 산속에 동물의 왕인 사자가 있었어요. 이 사자는 오랜 세월 이곳에서 왕 노릇을 했지만 이젠 늙고 병이 들어 눕게 되었어요. 다른 동물들은 몸에 좋다는 온갖 약을 들고 문병을 갔지요.
>
> 그런데 이 산에는 마음씨 고약하고 아첨을 잘하는 여우가 살았

어요. 여우는 전에 이미 못된 짓을 하다가 사자에게 찍혀서 감히 문병을 올 수도 없는 처지였죠. 하지만 소문으로 사자의 병이 몹시 위독하다는 말을 듣고 '이 기회에 좀 잘 보여봐야겠다'라는 심산으로 문병을 갔어요.

"사자 임금님, 좀 어떠신지요? 저는 사자 임금님이 아프시다는 소문을 듣고 어젯밤에 한숨도 못잤습니다요."

여우는 할 말 못 할 말 다 지껄이면서 갖은 아첨을 떨었지요. 사자는 몸이 귀찮아서 아무 대꾸를 하지 않았고, 여우는 사자가 자신의 말에 귀 기울이는 것으로 착각했어요.

그런데 이 산에는 우직한 멧돼지가 있었어요. 멧돼지는 볼일이 있어서 먼 곳에 가 있는 바람에 사자가 병이 난 것을 알지 못했어요. 여러 날이 지난 후에야 그 소문을 듣고 허둥지둥 찾아왔어요. 그때 여우가 사자 옆에 앉아 있다가 멧돼지가 들어오는 것을 보고, '옳지, 예전에 저 녀석에게 물려서 혼이 났었는데 오는 그 원수를 갚아야겠다'라고 단단히 마음을 먹었지요. 여우는 사자 앞에 머리를 조아리고 말했어요.

"사자 임금님께서 몸이 편찮으셔서 많은 동물들이 밤낮없이 간호를 하고 있는데, 그동안 얼굴 한번 비치지도 않다가 이제야 나타난 저런 무례한 녀석은 빨리 죽여야 합니다."

옆에서 가만히 듣고 있던 멧돼지는 여우의 못된 심보를 눈치챘어요. '저 녀석이 나를 해치려고 하는군. 그렇다면 당하고 있을 수는 없지.' 이렇게 생각한 멧돼지는 좋은 꾀를 하나 떠올렸지요.

"사실은 사자 임금님께서 병환이 나셨다는 소문을 듣고 곧장 달려오려고 하였으나 그냥 와서 뵙기만 하면 무슨 소용이 있겠습니까? 그래서 여기저기 돌아다니며 약도 구해보고 용하다는 의사도 만나서 의논을 하다가 그 병환을 고칠 처방을 알아왔습니다."

이 말에 귀가 솔깃해진 사자가 치료법을 물었어요.

"그 처방은 바로 살아 있는 여우의 간을 그대로 잡수시는 것입니다."

여우는 멧돼지의 말에 금방 파랗게 질리고 말았어요.

내담자에게 멧돼지와 여우가 다같이 살아남을 수 있는 방법은 무엇일지를 묻는다. 이 물음에 내담자들은 이구동성으로 여우는 아첨꾼이라 벌을 받아야 한다고 할 것이다.

"여우는 왜 아첨을 잘하게 되었을까?" 그렇게 묻고 내담자들의 생각을 충분히 들어준다. 그다음에 "여우는 사랑과 관심을 받지 못했을 거야"라고 말한다.

나는 어린 동생이 둘씩이나 있어서 나만 외갓집에 떨어져 살아야 했던 내 어린 시절 이야기를 들려주었다. 그러면서 사랑받지 못하고 자란 사람이 관심을 끌고 싶어 한다고 말해주었다.

그다음에 내담자들에게 어린 시절에 질투 감정이 생겼던 때를 기억해 말해보게 하고, 현재의 친구들에게 질투심이 생기게 되는 때를 말해보게 한다. 이때에 내담자들의 고백을 들으며, 충분히 위로해준다. 손을 잡아주고 안아주는 등의 스킨십은 필수적이다.

그리고 여우, 멧돼지, 사자 셋을 모두 살릴 수 있는 방법에 대해서 토론을 시작한다. 처음에는 내담자들이 이 의견에 거부감을 일으킨다. 하지만 치료사가 '여우와 멧돼지가 서로 질투하여 헐뜯어봐야 둘 다 손해고 이미 힘 센 사자만 이득을 볼 뿐'이라고 말해주며 토론을 이끌다 보면 이들의 말이 바뀌게 된다.

- 사자가 잘 때 여우와 멧돼지가 발로 차고 가버린다.

- 사자가 건강해지면 다시는 약한 우리(여우, 멧돼지)
  를 괴롭히지 않겠다고 각서를 받고 간호해준다.
- 사자가 육식을 끊고 채식을 하면 병이 나을 수 있다
  고 꼬신다.

내담자 자신은 여우, 사자, 멧돼지 중에 어느 쪽에 가까운 인물
인지 스스로 말해보게 한다(이때부터 내담자의 고백의 매우 중요
하다). 그전에 내담자들이 하는 말을 들으면서 상담사는 내담자가
어느 쪽에 해당하는지를 알고 있어야 한다. 내가 만나온 내담자들
은 대부분 멧돼지(당하는 아이들) 쪽에 가까웠다. 앞으로 한동안
우리 사회에서는 이러한 아이들이 많이 나올 것으로 여겨진다.

2. 피해자의 조현증(피해망상)

앞에서 말했듯이, 지나치게 피해의식을 느껴서 친구에게 다가가
지 못하는 아이를 '피해망상 내재 내담자'라고 본다. 학교에서나 친
구 관계에서 따돌림, 육체폭력, 언어폭력 등의 피해를 당하는 아
이는 대부분 조현증 중 피해망상에 시달린다. 피해망상은 주변의
소리와 분위기에 지나치게 민감하다. 누군가가 자신의 행동을 엿
보며 험담하고 있다고 생각하고, 자신을 모함한다고 생각한다. 이
러한 착각 때문에 아무에게도 쉽게 다가가지 못하여 집단에서 소

외된다. 이 피해망상의 정도는 과대망상과 일치하며, 그들은 열등감 · 패배감 · 불안감을 떨쳐버리지 못한다.

가벼운 조현증(피해망상)이 있는 아이에게는 이것을 병이라고 인식시키지 말고 사랑과 격려로 감싸주는 치료사나 부모의 역할이 중요하다. 무엇보다도 아이들은 사랑과 관심, 그리고 자기의 증상을 치유하기에 적절한 책을 읽으면서 말과 글로 표현을 할 수 있는 시간을 가짐으로써 건강해진다.

■ 표현함으로써 피해의식 치유

프로이트에 의하면 피해당한 사실을 기억하고 말하게 하는 것이 치료에 직결된다. 나는 친구 관계에서 크고 작은 어려움을 겪는 아이들을 보며, 문학 속의 인물을 통해서 자신의 생각을 말로 표현하는 것은 곧 치유라는 것을 확신하게 되었다.

김려령의 소설『우아한 거짓말』에는 왕따를 시키는 조현병 소녀와 왕따를 당하는 조현병 소녀가 등장한다. 왕따를 시키는 화연이와 왕따를 당하는 천지는 객관적으로 피해자와 가해자로 보인다. 화연이의 행위는 악하기 때문에 법과 도덕적인 잣대에 의해서 회초리를 맞아야 하고 천지는 피해자로 보호받아야 할 대상이다. 하지만 이 두 소녀의 심리 상태를 보면 둘 다 치료 대상이다. 이들의 어린 시절 환경은 비슷하다. 천지는 아버지의 부재로 인한 가난한 가정에서 은폐되고 소외된 삶을 살아왔고, 화연이는 바쁘고 가난한 부모님의 보호를 받지 못하고 소외된 삶을 살아왔다.

천지가 전학 오자 화연이는 천지의 그런 미묘한 느낌을 교묘하게 알아차린다. 천지는 자신의 세계에 매몰되어 살아가는 우울한 소녀인데 화연이는 그런 천지를 이용하여 자신을 드러낼 수 있는 기회를 수없이 만들어낸다. 화연이는 자신의 생일날 몇 번씩 천지를 따돌려서 더 소외된 천지를 보며 쾌감을 느낀다. 천지는 화연이가 자신을 몇 번씩 속인다는 것을 알면서도 그 사실을 누구에게도 폭로하지 않고 오히려 자신의 고립을 확인한다.

화연이는 자신의 고립감과 소외감을 누군가를 통해서 끝없이 보상받으려고 하고, 천지는 자신의 우울증과 소외감을 사실을 통해서 확인할 뿐 그 사실을 적극적으로 수정할 의사가 없다.

천지는 전형적인 조현병 환자(피해자)이고, 그에 상반되는 화연이도 조현병 환자(가해자)이다. 이 책을 읽고 천지에 대해서 내담자들과 이야기를 나눈다. 대부분 천지를 이해하지 못한다. 대답은 다음과 같다.

- 천지는 우울증 환자잖아요.
- 천지가 바보 같아요.
- 요즘 화연이 같은 애들 많아요. 그래도 다 무시하고 살잖아요.
- 화연이 생일파티에 안 가게 되면, 친구가 아무도 없을 수도 있으니까 파티에는 가고 자장면을 안 먹으면

되잖아요.

- 천지가 이해가 되기도 해요.

나는 『우아한 거짓말』이라는 소설과 요즘 학교 분위기가 너무도 비슷하여 초등학교 5, 6학년 이상 청소년들과 이 책에 대해 이야기를 나누면서 소설 속의 상황이 누구나의 문제가 될 수 있다는 것을 알려주었다.

"여러분, 화연이가 진정한 친구가 아니라는 건 다 알겠죠? 그런데 여러분은 천지처럼 화연이의 가식적인 행동에 의미를 부여하고 그 행동에 집착하지는 않죠. 천지는 이러한 상황을 만나기 전부터 마음의 상처가 이미 있었기 때문에 주변의 모든 상황에 많이 아팠던 거예요." 이렇게 말하며, 내담자 자신이 학교에서 목격했던 비슷한 일이나 느껴보았던 분위기에 대해서 말해보게 했다.

- 저도 체육복 잃어버린 적 있어요. 누가 훔쳐갔는지도 대충 알지만 달라고 말 못 해요. 그 애는 일진이거든요.(중학생 내담자 중에는 이러한 대답이 가장 많았음)
- 저도 1학년 때, 우리 반 아이들 수가 홀수(33명)라서 짝을 맞출 때, 제가 혼자 떨어진 적이 있었거든요. 그때부터 계속해서 내가 반에서 한 명 남는 홀수가 될까 봐 만날 걱정해요.(집중 상담 치료 대상자)

나는 이 아이에게 대수롭잖게 말했다. "너 오늘부터 토론할 때 사회자 해라."

사회자가 된 아이는 다른 아이들과 함께 둘러앉는 원탁이 아닌, 따로 마련된 개인 책상에 앉혔다. 토론이 끝난 뒤 그 아이에게 혼자 있어보니 어떻더냐고 물었다. 아이는 "혼자 앉아도 괜찮네요"라고 매우 긍정적인 반응을 보였다. 이 내담자에게는 자신이 혼자 남더라도 따돌림을 당했거나 반 아이들이 자신을 싫어하지 않는다는 인식을 심어줄 필요가 있었다. 이때에 훈계나 교육을 하는 어투는 삼가야 한다. 스스로 인식해야 당당하게 집단 속으로 걸어들어갈 수 있기 때문이다. 이렇게 나의 배려를 받아들인 그 아이는 어린 시절에 대해서 집중적으로 말하기 시작했다.

- 학년이 바뀌면 한 달 동안은 쉬는 시간에 잠도 못 자요. 함께 다닐 네 명 정도의 그룹이 만들어질 때까지, 혼자가 될까 봐.(중학생 중에는 이러한 대답도 많음)
- 제가 그냥 두루두루 적당하게 끼어들어요.(이 대답에 치료의 단서가 있음)

여기서 나는 구체적으로 많은 이야기들을 할 수 있도록 유도했다.

치료자 : 끼어들 때 거부당할까 봐 걱정되지 않나요?

내담자 : 내가 끼어들면 싫어해도 그냥 무시해요. 근데 다가

가보면 특별히 나쁜 애는 없어요.

치료자 : 맞아요, 사람은 거의 비슷해요. 어떤 애들은 한 명 이 더 추가되는 것을 원하기도 하죠. 사람은 거의 비슷해요. 다른 애들도 혼자 될까 봐 다 신경 써요.

내담자 : 저는 눈이 무섭게 생겨서 애들이 저를 무서워할까 봐, 제가 많이 웃으면서 먼저 다가가요.

내담자 : 현장학습이나 수련회를 가게 되면 며칠 전부터 함 께 같이 다닐 아이들을 정해서 친한 척해야 해요. 좀 신경 쓰여요.(초등 5, 6학년이나 여자 중학생 가 운데 이와 같은 대답이 많음)

소설 속의 천지는 끝내 자살이라는 결말을 맞는다. 책을 읽고 난 뒤 나는 내담자들과 함께 자살한 천지에게 위로 편지를 쓰며 그것 을 통해 자신을 위로할 수 있게 유도했다(나는 어린 시절에 이 집 저 집 돌아다니며 생활해야 하는 형편이었다. 집과 엄마를 그리워 했던 그 기억을 고백하면서 내담자에게 더욱 가깝게 다가갈 수 있 었다).

3. '사이감정'으로 모아주기

정신분석학자들에 의하면 조울증은 아동기 때 엄마와의 분리를 심각하게 받아들였던 사람이 상실이나 실패에 직면했을 때 나타난다고 한다. 조울증은 조증과 우울증으로 나뉘어서 나타나기도 한다.

조증은 과도한 활력, 과잉 활동으로 나타나는데, 이때 편집증적 과대망상의 팽창된 자존감이 문제가 되기도 한다. 이 상태에 처한 개인은 자극과 새로운 경험을 갈망한다. 이 증상은 '빠르게 말을 해야 하는 압력'과 '사고의 비약'으로 드러나기도 한다. 그래서 이들이 보이는 의기양양함과 팽창된 자존감은 현실과 일치하지 않는다. 실제로 이들은 무의식적으로 상실감과 패배감을 경험하고 있다. 이들은 현재와 과거의 외상적 경험과 현실을 환상 속에서 부인함으로써 행복해진다는 거짓된 기분을 유지하고자 한다. 환자는 이런 방식으로 자신의 우울한 감정을 없애려고 하지만, 이것은 자각과 비판력의 상실이라는 커다란 희생을 요구한다. 환자는 환상 속에서 대상과 결합함으로써 자신이 받은 외상에 대한 잠재적 분노를 처리하고자 한다. 환자는 분노나 애정을 표상하는 대상의 이미지와 자기 이미지를 내적으로 결합시킨다. 따라서 판단력을 잃고 행동을 억제하지 못한다.

환상을 통해서 현실을 부인함으로써 기분을 전환하는 것이 조증의 특징인데, 이것은 곧 한계에 부딪치고 우울증으로 이어진다.

남자 중학생 김○○ 군의 사례를 소개하겠다. 이 아이는 어릴 적에 책을 많이 읽어서 아는 것이 많았다. 하지만 감정의 기복이 매우 심했다. 기분이 매우 좋아서 크게 웃거나 아니면 화를 내고 우는 것이 그 아이의 일상이었다(김○○ 군이 자라온 성장 과정을 보니, 충분히 조울적 성향이 내재할 만하였다. 여동생이 연달아 둘씩이나 태어났고, 그 두 여동생과 김○○ 군은 자랄수록 성향 차이가 두드러졌다. 그 환경에서 관심과 사랑이 필요한 김○○ 군은 더욱 모난 행동을 했던 것이다. 문학치유를 받으면서도 그 애는 손톱 밑을 샤프로 찔러서 피가 나게 하는 등의 행동으로 끊임없이 주변의 관심을 요구했다).

김○○ 군은 조울증 내재 내담자라고 볼 수 있다. 독서토론을 할 때도 자신이 잘 아는 부분은 몹시 크고 빠른 목소리로 말하고, 다른 사람이 하는 말에는 관심이 없었다. 이때 자연스럽게 저지하는 말만 해도 김○○ 군은 눈물을 흘리고 책상을 주먹으로 쥐어박는 흉내를 내면서 몹시 분개한 태도를 보였다.

김○○ 군에게는 '우울증'에 대한 문학치유와 '친구 관계'를 위한 문학치유를 동시에 진행해야 했다.

　

뱀은 움직일 때 항상 머리부터 앞으로 나갔어요. 꼬리는 머리가 움직인 쪽으로 끌려가듯 뒤따라갔지요. '내가 머리보다 못한 게 뭐가 있어서 만날 뒤에서 따라다녀야만 하지? 정말 짜증 나!' 꼬리는 그게 항상 불만이었어요.

그러던 어느 날, 꼬리가 참다못해 화를 내고 말았어요.

"머리야, 이렇게 뒤에서 널 따라가는 게 얼마나 짜증나는지 넌 모를 거야. 넌 언제나 네가 가고 싶은 곳으로 가고 멈추고 싶을 때마다 멈추잖아. 우리는 한 몸뚱이에 붙어 있는데 왜 너만 앞에 가니? 정말 불공평해! 난 이제 네 뒤를 따라가지 않겠어. 내 마음대로 할 거라고."

이 말을 들은 머리는 꼬리의 생각이 오해라고 애써서 설명했지만 꼬리는 듣지 않았지요.

"흥! 그럼 이제부터 머리 네가 날 따라와."

머리는 도저히 꼬리의 생각을 바꿀 수 없었어요. 꼬리는 앞이 보이지 않았지만 스륵스륵 자신 있게 나아갔어요. 조금 걱정이 되긴 했지만 꼬리는 애써 얻은 기회를 놓치고 싶지 않았어요.

꼬리는 구덩이에 빠지고 가시덤불에 갇히면서도 계속 앞장서서 갔어요. 그러다 마침내 활활 타오르는 불구덩이에 들어가고 말았어요.

"머리야, 너무 뜨거워. 네가 나가는 길을 찾아봐. 이제 군말 없이 네 뒤를 따라다닐게."

하지만 때는 이미 늦었어요. 결국 꼬리와 머리는 불길에서 빠져나오지 못하고 불에 타 죽고 말았지요.

위와 같은 우화를 함께 읽고, 뱀의 머리와 꼬리의 특성에 대해 이야기를 나누었다. 뱀을 부위별로 나누어서 서로 말하면서 마치 다른 개체가 한 몸에 사는 것 같은 착각을 불러일으킨다.

- 뱀의 머리는 앞의 상황을 볼 수 있어요.
- 뱀의 머리는 방향을 정할 수 있어요.
- 하지만 사자는 꼬리가 무기예요.
- 강아지는 꼬리로 반가움, 두려움 등을 표현하죠. (중요한 말)
- 꼬리로 몸의 균형을 잡아요.

치료사가 말해준다. "그렇죠, 뱀의 몸에서 머리는 특별히 더 훌륭한 부분이 아니네요. 꼬리를 흔들흔들(치료사가 엉덩이를 확 돌리며 흔들흔들한다. 나는 미리 인형의 꼬리를 준비해서 엉덩이에 붙이고 있었다) 흔들어줘야 머리가 넘어지지 않고 갈 수 있네요."

이렇게 돌발적인 치료사의 행동은 내담자의 마음을 움직이는 기폭제 역할을 한다.

"자, 그럼 이 자리에서 뱀의 머리는 누구라고 생각하세요?"

내담자들은 거의가 '선생님요'라는 대답을 한다.

나는 "아니에요, 저는 꼬리예요"라고 말하며, 또 한 번 엉덩이를 내담자를 향해 확 돌려서 흔들어준다(이때 내담자들은 많이 웃었다). 그리고 가장 치료가 시급한 대상인 김○○ 군을 향해서 "○○아, 네가 머리잖아. 가장 목소리도 크고 빠르니까"라고 말했다.

김○○ 군은 "아니에요, 제가 뭐 목소리가 크다고……" 하며 피식 웃었다(이쯤에서 본격적으로 치료를 시작해도 된다). 이와 같은 과정이 없었다면 그 아이는 이쯤에서 울면서 책상을 쥐어박았을 것이다.

이때에 다른 내담자들에게는 우화 「머리와 꼬리」에 대한 치유의 글쓰기를 하게 한다. 학교, 가족, 학원 등에서 자신은 어떤 존재인지 생각하고 글을 쓰게 한 후, 내담자가 얼마나 소중한 존재인가 하는 것으로 마무리할 수 있도록 한다(이러한 순서로 글을 쓸 수 있는 학습지를 미리 준비한다).

한편 김○○ 군에게는 "예쁜 여동생이 둘이나 있어서 좋겠다"라고 말을 건다. 그는 좋지 않다고 강력하게 부인하였다(이렇게 대답할수록 치료에 용이하다). 이때 김○○ 군의 부모로부터 들은 정보를 최대한 활용하여 위로해준다(부모에게 미리 알아보았다는 것은 밝히지 않는 것이 좋다). 나는 김○○ 군이 눈물을 자주 흘리고 화를 내는 것을 보며 느끼게 되었다고 말했다. 또한 내가 육남매의 가운데 아이로 성장하면서 늘 소외될까 봐 울었다고 말하면서 "너를 이해한다"고 힘을 주어 말했다. 또한 자기 안에 울면서 토라져 있는 그를 위로하는 편지를 써보게 했다.

김○○ 군은 자신의 존재가 중요하지 않다고 여겨질까 봐 안절부절못하고, 자신이 하는 일이 하찮은 것일지도 모른다는 의심 때문에 늘 말을 크고 빠르게 하게 되었다. 조그만 일에도 늘 조급함을 느끼기 때문이다. 그리하여 김○○ 군은 학교생활에서도 어려움을 겪고 있었다. 수업 시간에도, 친구들 사이에서 일어나는 크고 작은 일에서도 늘 자신을 드러내고 싶어 하는 행동으로 인해서 오히려 미움받고 소외되었던 것이다.

김○○ 군은 문학치유 과정에서 자신을 이해하고 말을 다소 줄이게 되면서 무난하게 친구 관계를 이어가는 아이로 변하였다.

4. 다름을 이해하기(집단 치료)

우리 사회에는 다른 것을 이상하게 보고 소외시키려는 분위기가 아직 지배적이다. 이러한 분위기에서 자란 아이들은 다른 것을 배척하려는 마음이 강하다. 융은 집단무의식 속에는 인류 보편적인 인격을 통일하고 일체성을 띠려는 원시적 속성이 존재한다고 보았다. 인간은 무의식적으로 집단의 요구에 자신을 맞추고 싶어 한다. 누구나 집단에서 소외된 사람을 쉽게 외면한다. 또한 평범한 아이들도 평균치의 옷, 신발, 외모 등에서 벗어나지 않기 위해서 발버둥을 치고 눈치를 본다. 이것이 무의식적 콤플렉스로 작용한다.

　다음의 동화는 다른 것을 바라보는 시점의 전환을 자연스럽게 유도하는 내용이다. 특히 빨강, 파랑, 하양 등 색채가 아름다운 그림책은 재미를 더한다.

　　하늘이 갑자기 흐려지면서 비가 내린다. 나비들은 자기와 같은 색의 꽃에 숨어서 비를 피한다. 하얀 나비가 비를 피해 꽃을 찾아다닌다. 먼저 빨간 꽃에게 숨겨달라고 부탁하지만 빨간색이 아니라고 거절당한다. 나비는 다시 노란 꽃에게 부탁하지만 역시 거절당한다. 하지만 비에 젖어가는 하얀 나비를 가만히 지켜보던 빨간 꽃은 꽃잎을 열어서 나비가 비를 피할 수 있게 해준다. 이어서 빨간 꽃은 가슴을 활짝 열고 모든 나비를 자신의 꽃잎으로 받아들인다.

　매우 단순한 이야기이다. 이 이야기를 읽게 한 뒤, 제비뽑기를 하기 위해 쪽지를 만들었다. 쪽지에는 각각 빨간 꽃, 하얀 꽃, 노란 꽃, 빨간 나비, 하얀 나비, 노란 나비라고 써서 접어놓는다. 사람이 많으면 나비를 더 추가한다.

제비를 뽑아 각자 뽑은 대로 역할을 한다. 빨간 나비는 빨간 꽃에게로 가서 "비가 와서 날개가 젖어요. 도와주세요"라고 외친다. 다른 나비들도 같은 색깔 꽃을 찾아가서 "비가 와서 날개가 젖어요. 도와주세요"라고 말한다. 같은 색의 꽃과 나비끼리 손을 잡게 한다.

그 다음에는 다른 색의 꽃과 나비가 손을 잡게 한다. 빨간 꽃과 노란 나비, 하얀 꽃과 빨간 나비가 손을 잡는 것이다. 다른 색의 꽃과 나비가 어우러졌을 때, 서로가 잘 구별되고 보기에도 훨씬 아름답다는 것을 보여준다. 이때 손을 잡은 꽃과 나비에게 서로의 다른 점을 말하게 한다.

사람은 크게 다르지 않으며, 똑같은 사람끼리 어울리면 서로의 개성이 잘 보이지 않지만 제각각 다른 사람은 함께 있는 것만으로도 서로가 돋보인다는 것을 알려준다(훈계나 교육적인 말은 삼가고, "우와 너무 어울린다" "다른 것이 모이면 이렇게 예쁘구나" 정도로만 말해준다).

이번에는 스스로 다른 것을 수용할 수 있도록 도와주는 책을 읽어보겠다. 우리 사회는 어린이와 청소년을 획일적인 모습으로 내몰았다. 단연 공부가 최우선이고, 모든 것이 그것에만 맞추어져 있다. 아이들의 취미, 취향, 심지어 잠자는 시간까지 평균치에 맞추어져 있을 정도이다. 평균치에 해당하지 못하면 자신도 모르게 좌절하거나 은연 중에 죄책감까지 느끼며 살아간다.

프랭크 태슐린의 동화『곰이라고요, 곰!』을 한번 보자. 우리나라 사람들에게 곰은 미련하고 우둔한 짐승이다. 그런데 프랭크 태슐린은 이 책에서 곰의 특징에서 대해서 다시 생각해보게 한다. 이야기의 배경은 공장으로 변한 숲이다.

숲에서 잠자던 곰은 갑자기 생겨난 공장을 보고 깜짝 놀란다. 곰을 발견한 한 인부는 곰을 다짜고짜 공장으로 끌고 가서 일을 시킨다. 곰이 아무리 발버둥치며 자신은 일꾼이 아니라 겨울에는 잠자고 따뜻한 계절에는 천천히 움직이는 곰이라고 말해도 털옷 입은 일꾼이라고 우기며 일을 시킨다. 곰은 어쩔 수 없이 잡혀가서 기계를 돌리는 일을 한다. 일을 잘 못 하는 곰을 사람들은 '털옷 입고 수염도 깎지 않는 멍청이' 라고 불렀다. 곰은 이 말을 수없이 많이 들으면서 자신도 스스로를 '털옷 입고 수염도 깎지 않는 멍청이' 인 사람이라고 생각했다.

어느 날 그 공장이 망해버렸다. 일하던 사람들은 모두 어디론가 바삐 흩어져 가버렸다. 곰도 그들을 따라나섰지만 어디로 가야 할지 몰라서 숲 한가운데 우두커니 섰다. 마침 동굴이 보여서 저도 모르게 그 안으로 들어가려다 자신은 '털옷 입고 수염도 깎지 않는 멍청이' 이지 곰이 아니라고 하는, 무의식에서 들려오는 소리를 듣는다. 곰은 아무 데도 가지 못하고 그 자리에 주저앉아 떨어지는 낙엽을 뒤집어쓰고 쓴다. 그러다 겨울이 되니 차가운 눈을 뒤집어쓰면서 슬퍼한다. 그리고 자신은 누구인지 고민하다가 마침내 동굴 속으로 들어간다. 지친 곰은 동굴 속에 누워서 겨울잠에 빠져들면서 행복감을 느낀다.

이 이야기는 자기 자신이 좋아하는 일이 무엇인지를 알게 하고,

그것이 무엇이든 간에 소중하다는 것을 알게 하는 텍스트로 적합하다. 획일화된 사회를 살아가는 청소년들은 남들보다 느리거나 유행에 뒤처지면 잘못되었다고 생각하는 경향이 있기 때문이다.

내담자들에게 각자 잘하지 못하는 것들을 자랑스럽게 발표하게 한다.

- 늦잠을 잔다.
- 수학 문제를 잘 못 푼다.
- 밥을 천천히 먹는다.
- 학교에 갈 때 천천히 걷는다.
- 단어를 잘 못 외운다.
- 상황 파악을 못 해서 엄마한테 혼난다.
- 친구들의 말에 적당하게 대꾸하지 못한다.

그리고 나서 동물의 특징에 대해 말하기 놀이를 한다(게임하듯 좀 빠르게 진행해야, 내담자들이 얼떨결에 함께 참여하는 분위기가 된다. 요즘엔 초등학교 고학년만 되어도 말놀이나 율동놀이 같은 걸 잘 하려 하지 않기 때문에 생각할 틈을 주지 말아야 한다. 내담자들이 초등학교 저학년이면 더 효율적으로 프로그램을 진행할 수 있다).

- 토끼는 깡충깡충

- 뱀은 느릿느릿
- 거북은 엉금엉금
- 호랑이는 으랏차차
- 사자는 우와차차
- 여우는 휘리링
- 늑대는 커러렁
- 사슴은 겅중겅중
- 기린은 퓨루루룽
- 양은 우루루루
- 곰은 드르르르렁, 쿨쿨

그다음에 내담자들의 행동을 동물과 비교해보게 한다(내담자가 정하지 않으면 치료사가 골라준다).

- 성찬이는 퓨루루룽(이 내담자는 매우 훤칠하게 잘생겼는데, 남 앞에서 자신의 생각을 말로 표현하는 데 서투르다)
- 민지는 겅중겅중
- 소양이는 우루루루

게임을 하듯 모두 말해보게 한 후, 가장 좋아하는 것을 가장 잘할 수 있다고 말해준다. 이때부터 개인적인 상담을 자연스럽게 진행할 수 있다(강요, 억압, 획일화로 인해 병들어 있는 내담자의 내면을 만날 수 있다).

다음 전래동화도 치료의 자료로 쓸 수 있다.

옛날 어느 시골 마을에 고지식한 농부가 살고 있었어요. 이 농부는 한번 생각했다 하면 되지도 않을 일도 무조건 밀고 나가는 사람이었지요.

농부는 어느 날 논일을 마치고 집으로 돌아가고 있었어요. 그때 저 멀리서 높은 벼슬아치의 행차가 다가왔어요. 길 가던 많은 사람들이 이 행차를 보고 모두 길 옆으로 비켜서는데 이 농부만 가던 길을 계속 갔지요.

"무엄한지고! 네 눈에는 나으리의 행차가 보이지 않느냐?"

벼슬아치의 부하들은 큰소리로 호령하며 농부를 길 옆으로 휙 밀쳐버렸어요.

"벼슬이 높으면 다야? 왜 가만히 있는 사람을 밀치고 지나가? 생각할수록 분하네."

그날부터 농부는 농삿일을 제쳐두고, 벼슬할 궁리를 하였어요. 농부가 벼슬하는 방법이 뭐냐고 하도 물어대니 이웃 사람들이 생각나는 대로 말했어요.

"아마 서울에 가서 한 3년만 굴러다니다가 보면 한 자리 할 수도 있겠지."

이 말을 들은 농부는 서울에 갔어요. 서울의 길거리를 온종일 뒹굴고 다녔어요. 사람들이 비웃고 난리가 났지만 상관하지 않고 열심히 뒹굴어 다녔죠.

그러던 어느 날, 임금님이 신하 한 명만 데리고 평민 차림으로 순찰을 나왔어요. 길거리를 뒹굴어 다니는 농부의 행동을 이상하게 생각한 임금님이 다가와 물었어요.

"여보시오, 당신은 왜 멀쩡한 몸을 가지고 이렇게 굴러다니시오? 힘들지 않소?"

"난들 왜 힘들지 않겠소? 하지만 벼슬을 하려면 적어도 3년은 이렇게 뒹굴어야 한다오."

임금은 어이가 없었어요. 그래도 또 물었어요.

"그렇다면 무슨 벼슬을 하고 싶소?"

"잘 모르지만 아무 벼슬이나 하면 되지요."

임금은 장난 삼아서 또 물었어요.

"그럼 임금 자리는 어떻소?"

그러자 농부는 버럭 화를 내며, 임금을 노려보았어요.

"이런 고약한 사람 같으니라고, 내가 아무리 무식해도 나라에 임금님은 오직 한 분뿐이라는 건 아오. 무슨 말을 그렇게 함부로 하오?"

임금은 궁궐로 돌아와서 신하에게 말했어요.

"아까 그 사람은 배운 것은 없지만 참으로 훌륭하고 충성스런 마음을 가지고 있다. 게다가 벼슬을 하기 위해서 3년을 즐거운 마음으로 굴러다니겠다니 보통 의지가 강한 사람이 아니다. 그에게 벼슬을 주어서 고향으로 내려가도록 하라."

이리하여 농부는 서울에서 굴러다닌 지 1년이 좀 넘어서 벼슬 하나를 받아 고향으로 내려갔어요.

이 이야기를 들려주고 고지식한 농부에 대해서 평가해보게 한다.

- 농부는 미련한 것 같아요.

- 농부는 바보 같아요.

- 농부는 더러워요. 굴러 다녀서.

- ×××.

상담사가 염두에 두어야 할 게 몇 가지 있다. 마음이 불편한 청소년들은 종결어로 '~인 것 같아요'를 많이 사용한다. 아무 생각 없이 쓰는 경우도 있지만 대체로 자기 말에 대한 소신이 없고 주변의 반응을 지나치게 의식하기 때문이다. 그래서 종결 부분을 '~입니다'라고 말할 수 있도록 자연스럽게 유도해줌으로써 자신의 말에 소신을 가지도록 한다. 또한 상담사는 내담자의 말에서 이유를 끌어내야 한다. 내담자의 말이 떨어지자마자 그렇게 말한 이유가 뭐냐고 물으면 내담자가 부담을 느껴 표현하는 것 자체를 기피하게 되니, 반드시 먼저 자유롭게 표현하게 한 다음에 이유를 물어야 한다.

또 내담자들이 자연스럽게 내뱉는 말에도 의미를 두어야 한다. 몇몇 아이들은 비속어를 써서 농부를 평가하기도 한다. 프로그램을 진행하다 보면 한 사람이 먼저 거친 표현이나 비속어를 사용하면 연이어서 강도가 더 센 표현이 나온다. 표현이 거칠수록 내담자의 무의식 속에 억눌린 것이 표출된 것이니 이것을 잘 활용해야 한다. 문학치유 프로그램에서 교육이 강조되면 실패하기 십상이다. 내담자들이 마음껏 표현하는 것을 세밀하게 관찰하여 분열의 원인을 찾을 수 있어야 한다.

"농부를 왜 바보라고 생각하세요?"

- 굴러다닌다는 말을 잘못 알아듣고 진짜 굴러다녀서요.
- 남들이 안 하는 짓을 해서요.

- 농부는 다른 사람들하고 다르잖아요.
- 이상해요.
- 사기를 잘 당할 것 같아서요.

"혹시 여러분은 다르게 행동해서 혼나거나 웃음거리가 된 적이 있나요?"

- 있었던 것 같은데 기억이 안 나요.
- 자주 있었는데 기억이 안 나요.
- 유치원 때 뭐를 만들다가 화장실 좀 갔는데…… 혼났어요.
- 어렸을 때 거시기를 만졌는데 가족들한테 미친놈 취급 받았어요. 그냥 가려워서 그랬는데…….

"아! 맞아! 이건 잘못된 것이 아니고 약간 다를 뿐인데, 혼났네요."(진지하게 내담자들의 행동은 정당하다고 인정해준다. 나는 템버린을 흔들어서 환호해주며 내담자들은 조금 다른 행동을 했을 뿐이지 정당하다는 것을 강조해주었다)

"서울을 3년씩이나 굴러다니려 한 농부의 행동은 보통 사람들과 다르지만, 결국 변장한 왕의 눈에 띄어서 진실한 마음을 인정받게 되었어요. 여러분이 앞에 말한 것들도 잘못한 게 아니에요. 이 농부처럼 약간 다르게 행동한 거죠. 이 다른 것 때문에 요즘 조금 불편한 것에 대해서 이야기해봅시다."

- 제 교복이 맞춤이라서 진짜 창피해요. 다른 애들은 모두 스쿨○스, 하○틴 그런 건데……
- 엄마가 나한테 물어보지도 않고 점퍼를 사오셨는데 난 절대 안 입어요. 이상해서요. 색깔도 이상하고, 어깨 부분도 너무 커 보여요.

"여러분 반에 조금 다른 행동을 하는 아이 있지요? 한 반에 한 명씩은 있잖아요. 그 아이의 태도나 행동은 나쁜가요? 아니면 좀 다른가요?"

- 그 애는 좀 이상해요.
- 옷도 이상하게 입고 다녀요.
- 우리가 말하면 만날 웃어서 이상해요.
- 그 애는 만날 혼자 밥 먹어요.
- 재수 없어요.

5. 불안의 실체 알기(문학효용론적 치유 방법)

앞에서 언급했듯이 초등학생이나 중학생들은 문학효용론적인 방법으로도 얼마든지 치료가 가능하다. 독자의 상황과 일치시켜 주는 책을 읽는 것으로도 이들이 변화되어가는 것을 쉽게 볼 수 있다. 이때 사용하는 자료는 이야기와 시일 때 더욱 효과적이다.

이오덕의 『꿩』은 따돌림이나 폭력에서 벗어날 수 있는 용기를 주는 책이다. 책을 먼저 읽게 한 다음, '용기'가 두드러지게 나타나도록 치료사가 이야기 형식으로 다시 들려준다. 『꿩』의 주인공 용이를 통해서 동네 아이들에게 느꼈던 불안(두려움)은 자신의 마음속에 있는 것이었음을 알게 하는 것이다.

> 용이는 아버지가 머슴이었다는 이유로 동네 아이들의 책가방을 들어다 주고 있다. 학교에 오갈 때마다 동네 아이들의 가방을 죄다 메고 다니는 것은 매우 힘들었다. 하지만 이 상황에서 벗어날 방도를 찾지 못하고 갈등하던 중에 날개를 활짝 펴고 높은 산을 넘어가는 꿩의 자태를 보게 된다. 꿩이란 새는 매우 순해서 높게 날지도 못하는 줄 알았는데, 날고자 마음먹으면 독수리 못지않게 높게 날아오른다는 것을 알게 된 것이다. 용이는 꿩의 모습을 보고 용기를 내어 동네 아이들의 책가방을 집어던진다. 용이는 자신 안에 들어 있는 독수리를 보게 된 것이다.

용이는 마을의 모든 아이들의 가방을 들어다 주는 요샛말로 '책가방 셔틀'(다른 아이들의 가방을 들어주는 왕따)이다. 용이가 왕따에서 벗어나는 길은 스스로 그 상황에서 한번 용기를 내는 것이었다.

내담자들에게 용이가 가방을 내던지는 장면을 재현해보게 한다.

그때 가해자들에게 하고 싶은 말을 해보게 했다.

- 자, ××야, 니 가방은 니가 들고 가!
- 니 가방 빨리 들고 가. 셋 셀 때까지 안 가져가면 가방을 저 낭떠러지로 던져버린다!
- 야, ××들아, 니 가방 니가 들고 가! 이제 우리 아버지도 머슴 아니야!
- 야, 나한테 가방 맡긴 ××들, 지금부터 배달료 내놔!

나는 아이들과 13년간 토론을 하면서, 초등학생들과 중학생들은 거의 모두 왕따당할까 봐 불안해한다는 것을 알았다. 초등학생들과 중학생들은 크고 작은 문제로 누구나 왕따 의식을 느끼기 때문에 말(토론), 상담, 부모님과의 대화 등으로 치유하는 생활이 필요하다. 이런 생활이 생략되면 왕따당하지 않기 위해서 별로 좋아하지도 않는 친구에게 집착하거나 자신이 원하지 않는 집단에 섞여서 어울리는 양상을 보이게 된다. 치유 토론에 참여하여 누구나 왕따당할까 봐 다소 걱정을 한다는 것을 아는 것만으로도 반 이상의 치유 효과가 있다.

아기새는 알에서 나오려고 몸부림친다. 알은 곧 세계이다. 아기새는 하나의 세계를 깨뜨리지 않고는 태어날 수 없다. 그 새는 신에게로 날아간다. 그 신의 이름은 아브락사스이다.

헤르만 헤세의 『데미안』에 나오는 유명한 문장이다. 새가 알을 깨고 나오는 이 장면을 나는 내담자들의 입을 여는 기폭제로 사용하였다.

먼저, 입을 한 번 열어서 자신이 불편했던 상황을 말하는 것이 알을 깨고 나오는 것이라고 말한다. 말의 재미를 위해서 아브락사스(책에는 주문의 의미를 갖는다고 적혀 있다)를 외치면서 말하게 했다.

- 아브락사스, 나 혼자서 가게 한 너희들 미워! 홀수면 어때서!
- 아브락사스, 혼자면 어때서! 너희 같은 일진이랑 노느니 혼자서 용감하게!
- 아브락사스, 학교가 다는 아니다!
- 아브락사스, 서로 속으로는 좋아하지도 않으면서 몰려다니는 거 진짜 싫다!

내담자들이 이렇게 말할 때마다 치료사는 박수를 치면서 "맞아!" 등의 말로 힘차게 응답해준다.

6. 상대를 이해하는 관찰력 기르기 연습

위축된 내담자들은 표정이 다르다. 당당하게 상대를 바라보지 못하고 표정이 어둡다. 주눅이 든 표정이라 상대방이 만만하게 보기에 딱 알맞다. 『데미안』의 한 대목을 읽어보자.

> "너는 정말로 네가 마음먹은 대로 다른 사람의 몸과 마음을 조정할 수 있는 거니?" 하고 데미안에게 물었다.
> 데미안은 차분한 목소리로 대답했다. "하지만 누군가를 매우 주의 깊게 관찰하면 그가 무슨 생각을 하고 있는지 알 수 있어. 그가 무엇을 할 것인지도 대충 짐작할 수 있지."
> 데미안의 말은 한 사람을 자세히 관찰하면 그의 활동의 패턴이 보인다는 말이었다. 나는 내 속에 빠져서 남들의 생각과 태도를 볼 수 있는 안목을 기르지 못했다는 것을 알게 되었다.

■ 내면의 당당함으로 상대를 움직이기(표정연습)

먼저 다음의 표정을 따라해보게 한다. 마음이 불편한 청소년들은 표정이 굳어 있고, 다양한 표정을 짓는 데 익숙하지 않다. 책상 위에 거울을 올려놓고 내담자에게 자신의 표정을 직접 보게 한다. 처음에는 어색하게 따라하지만 차차 다양한 표정을 지을 수 있게

된다.

그리고 데미안의 신비로운 능력은 특별한 게 아니라 주변을 잘 살피는 것에서 비롯되었음을 말한다. 내담자에게 주변 친구들의 모습을 말해보게 한다. 처음에는 주변 친구들의 모습이나 성격을 동물로 비유해보게 하고 그 이유를 말하게 한다.

- 내 친구는 개 같아요.
- 돌고래 같아요.
- 꽃사슴 같아요.
- 바퀴벌레 같아요.
- 곰 같아요.
- 곰 같은 호랑이 같아요.

내담자는 위와 같은 대답을 한다. 이 대답을 듣고 나서, 이유를 말해보게 한다.

그러고 나서 이번에는 친구의 모습이나 성격을 식물로 비유하게 한다(나무, 꽃으로 한정지어준다).

- 진달래꽃 같아요.
- 할미꽃 같아요.
- 소나무 같아요.
- 맨드라미 같아요.

- 선인장 같아요.
- 잡초 같아요.

이러한 비유적 표현을 반복적으로 하다 보면 주변의 인물과 사건을 비유적으로 바라볼 수 있는 마음이 열린다.

마지막으로 내담자 '자신'을 어떤 동물이나 식물로 비유하게 한다.

- 저는 곰입니다.
- 백합입니다.
- 밤나무입니다.
- 선인장입니다.
- 잡초입니다.
- 감초입니다.

이렇게 생각한 이유에 대해 말하게 한다. 대부분 내담자들은 이 동물, 식물의 특징과 유사한 특징과 연관지어 자신을 설명한다. 이러한 연습을 함으로써 자신을 객관적으로 바라보는 기회를 갖고, 학교 등의 공간에서 만나는 타인을 의미 있게 바라볼 수 있도록 한다.

3장 부부 갈등 예방과 치유

배우자에 대한 불만을 말해보라고 하면 대부분 사소한 것들이다. 물론 폭력, 폭언, 외도, 술버릇 같은 심각한 문제도 있지만 말을 못할 만큼 유치한 이유도 상당히 많다. 하지만 이런 사소한 이유에 대해서도 당사자가 인식하는 무게는 땅이 꺼질 만큼 크다. 객관적으로 보면 소통의 문제이지만, 당사자들에게는 보이지 않는 내면의 갈등이다.

요즘 이혼의 이유로는 '성격 차이'가 많다고 한다. 헤어지기에 이 얼마나 명확한 이유인가. 하지만 그 '성격 차이'를 결혼하기 전에는 알지 못했을까? 보통 인간관계에서는 처음 만났을 때 차이를 느끼지만 만남을 거듭하면서 어느 정도는 이해가 가능하지 않는가. 하지만 왜 부부의 차이는 극복이 안 된다고 생각하는 기혼자들이 늘어만 가는 것일까. 그것은 소통 방식에 대한 문제이기도 하지만 상대방의 마음속에 숨어 있는 또 한 명의 '잠재된 사람'의 개입으로 인해서이기도 하다.

나는 모든 부부가 이혼하지 말고 살아가길 바라는 게 아니다. 다만 배우자의 마음속에 눌려 있는 상처받은 또 '한 명의 어린아이'를 만나본 다음 헤어질지 말지를 결정하라고 당부하고 싶다. 부부의 문제가 현재가 아닌 과거에 있지 않는지 점검해보라고 하고 싶다.

1. 부부라는 소중한 의미

성경에서는 부부로 맺어진 인연을 끊을 수 있는 정당한 이유는 '외도'밖에 없다고 말한다. 불가에서도 부부의 인연은 칠천 겁의 인연이 쌓여야 맺을 수 있다고 한다. 아무리 사회가 개방적으로 변화하고 개개인의 생각이 중요해졌다고 해도 부부의 관계는 결코 가볍게 여길 수 없다.

나는 한 인간이 태어나서 완전해지는 과정 중의 하나가 결혼하여 가정을 만들어가는 것이라고 본다. 결혼은 남녀가 만나서 서로의 집안의 한 일원으로 소속되는 의미가 있고, 두 사람이 한 가정을 만들어간다는 의미도 있다. 더 구체적으로 부부의 의미는 남녀가 만나서 한 가정을 이루면서 자기 자신의 내면을 정면으로 만나는 것이라고 생각한다.

대부분의 부부는 자신과 일치할 것 같은 대상을 배우자로 선택한다. 여기에서 일치란 정신적인 부분과 생활 전반과 미래의 일들에 대해서 배우자와 함께하기를 원한다는 의미일 것이다. 여기에는 구체적으로 재산의 축적, 사회적인 명성 획득, 자식의 출산 등이 포함될 것이다. 더 세부적으로는 개인의 생활습관, 취미, 인간관계, 각자 나름대로 삶을 규정하는 개념이 포함된다. 정상적인 부부라면 은연중에 이것들이 일치할 확률이 높기를 바랄 것이다. 어쩌면 연애할 당시에는 이런 일상의 방식들이 일치한다고 착각하고 있었을 수도 있다. 하지만 이미 사회적으로 각기 다른 집단에서 성장했던 남녀는 결코 같을 수 없다. 민며느리나 데릴사위가 부활하지 않고는 배우자의 집안을 미리 체험하고 결혼하기가 어렵다.

부부 갈등의 씨앗은 의외로 사사로운 것에서 비롯된다. 부부의 문제는 객관적으로 명확한 큰 문제일수록 더 쉽게 풀릴 수 있다. 하지만 대부분 일상에서 비롯된 차이를 극복하지 못한 사례가 더 많기 때문에 안타깝다.

부부 치료의 목적은 부부 갈등 예방과 부부 갈등 치료이다. 이제 부부의 문제도 두 사람만의 문제로 숨겨두어서는 안 된다. 객관화하여 내놓고 바라볼 수 있을 때에 쉽게는 자가 치료가 가능할 것이고, 어렵게는 상담치료가 가능할 것이다.

2. 과거의 상처를 직시하라

나는 2013년 3월부터 몇 개월간 '일상 독서치유'라는 주제로 부산시 연제구청 소속의 작은도서관에서 강의를 한 적이 있었다. 이 프로그램을 진행하면서 만난 대상은 대부분 주부들이었다. 이들의 행복과 기쁨의 중심에는 거의 남편이 자리했다. 당연히 이들이 말하는 행복은 부부의 원만함에서 비롯되었다.

"배우자와 함께 살아갈 가치가 있다"고 말하는 주부들의 말을 들으며 놀라운 점을 발견했다. 배우자와 "서로 잘 맞아서"라는 대답보다 "서로를 맞출 수 있는 점을 알았기 때문"이라는 대답이 우세하였던 것이다.

결국 부부로 살아갈 수 있는 길은 '배우자의 본래의 모습'을 아는 것이다. 갈등이 없는 부부가 어디 있을까? 가정의 중심인 부부가 원만하게 지내기 위한 길은 많이 어렵지도 않지만 쉽지도 않다. 어쩌면 부부가 원만함을 유지하는 것은 성 하나를 지키는 것만큼 어려울 수도 있을 것이다. 그래서 부부 관계를 유지하는 데에는 성 하나를 지켜나가는 것과 같은 기술이 필요하다. 물론 처음부터 어설프게 쌓은 성이라면 자리 잡기 전에 포기하는 것이 나을 수도 있다. 하지만 터를 닦고 이미 쌓아 올린 성이라면 그것을 유지하고 자리를 잡아나가는 것이 더 바람직할 것이다.

부부의 갈등의 가장 큰 원인은 "배우자의 단점을 고쳐야 한다"라는 생각이다. 상대방이 생활습관이 거의 고정된 어른이라는 것을 인식하지 않는 것에 문제가 있다.

배우자의 성격, 취향, 삶의 방식을 바꾸기는 어렵다. 왜냐하면 그 배우자의 내면에는 자기 자신도 모르는 '어린 시절 이후로 자라지 않은 한 아이'가 살고 있기 때문이다. 이 아이는 일상에 개입하기도 하지만, 부부 생활에 개입하기 시작하면 주로 냉각성과 파괴력으로 나타난다. 부부 관계를 지속하고 성장시키기 위해서는 배우자 속에서 성장하지 못하고 있는 그 내면의 아이를 달래야 한다.

즉 부부 갈등을 해결하기 위해서는 단순하게 생각할 필요가 있다. 먼저 현재의 문제를 현재가 아닌, 배우자의 어린 시절에 대입시켜 바라보자.

40대에 접어든 부부를 만났다. 이 부부는 15년간 약간의 불만은 있었지만 별 문제 없이 살아왔다. 그간 아내가 전업주부로 생활할 때는 문제가 없었다. 남편이 매일 술을 마시는 버릇은 있었지만 부부로 살기에는 어렵지 않았다고 한다. 그런데 아내가 직장에 나가서 인정을 받게 되자, 남편은 급속도로 변해갔다.

출근하여 일을 하는 아내가 전화를 받을 때까지 남편이 전화를 해대는 것으로 불화가 시작되었다. 남편은 아내가 전화를 받지 않으면 처가 식구들이나 친구한테까지 전화를 하는, 심한 이상 증세를 나타냈다. 또한 남편의 이 문제는 성생활에 집착하는 것으로 표현되었다.

이쯤에서 프로이트의 리비도 원리를 설명해야 할 것 같다. 프로이트의 성 이론은 정신의학 학자들로부터 많은 지탄을 받기도 했지만 이 이론에 상응하는 증상의 내담자들을 쉽게 볼 수 있다.

프로이트는 정신 생활을 분석함에 있어서 리비도의 발전을 매우 중요하게 여겼다. 리비도는 처음에 성적 욕망이나 성적 흥미를 가리키다가 나중에 '다양한 정신적 표상이나 마음의 구조에 투사될 수 있는 일종의 정신적 에너지'로 정의되었다. 프로이트의 정신분석 이론에 의하면 유아기에서 리비도의 3단계 발전 과정을 겪는데 이 과정에서 결여가 있으면 삶의 한 과정에 문제가 나타날 수 있다.

첫 번째 단계는 '구순기'로, 구강대가 주도적인 역할을 한다. 젖먹이 아기가 영양분에 대한 욕망을 만끽함으로써 만족을 찾는 단계이다. 그 대상은 어머니의 젖가슴이다. 두 번째 단계는 '항문기'이다. 배설을 통한 쾌감을 통해서 욕망이 충족되는 단계이다. 이 단계에는 항문대와 사디즘의 구성 본능이 두드러진다. 마지막으로 '성기기'이다. 이 단계에는 자기 성기에 집중하는 특징을 보이며, 유아 자신의 신체에서 대상을 발견하게 된다. 프로이트는 이 유아기에 리비도 충족이 결여되면 전체 인생에서 정신질환을 겪는 원인이 된다고 보았다.

유아의 성에 집중한 프로이트의 리비도 이론은 융을 비롯한 정신분석 학자들로부터 비난을 받기도 했다. 하지만 유아기 동안 아기와 어머니의 유대관계가 어떻게 맺어지는가를 전 생애를 좌우하는 중요한 문제로 인식하는 것은 정신분석학계에서 보편적이다.

정신분석학자들은 '구순기' '항문기' '성기기'에서 정신질환의 증세가 시작된다고 본다. 흔한 정신질환인 신경증은 '성적인 충동'과 '자아'의 충돌로 나타나는 건강하지 못한 상태이다. 리비도는 성 충동을 말하는 것으로 자아와 동조적인 관계가 아니다. 그래서 자아는 그것들을 억압한다. 자아는 이러한 충동들을 동적으로 배출함으로써 만족을 얻지 못하게 하여 의식하지 못하도록 차단한다. 이렇게 가로막힌 성 충동의 리비도는 다른 출구를 '무의식'으로부터 찾는다.

하지만 성장 단계상 유아기에 해당하는 '구순기' '항문기' '성기기'에서 결핍된 문제는 대부분 바로 나타나지 않는다. 왜냐하면 유아기 이후 아동기에 받는 교육에 의해서 억압되기도 하지만 이미 의식으로부터 억압당하기 때문이다.

그런데 이러한 '결핍'이 무의식에 눌려 있는 것도 한계가 있다. 살아가면서 삶의 어려움을 직면했을 때나 스트레스를 심하게 받게 되면 어떻게든 위장된 모습으로 나타난다. 이렇게 해서 나타난 것을 '증후'라고 한다.

'증후'는 자아의 억압적인 힘으로부터 완전히 도피할 수 없기 때문에 변양으로 존재한다. 그래서 '증후'는 억압된 성적인 본능과 억압하는 자아 사이에서 타협하는 성질을 띤다. 모든 종류의 공포증, 금지, 성격 결함, 성적 도착, 성생활의 어려움 등이 바로 그것이다. 이러한 증후는 신경증이라고 불리는 히스테리와 강박 신경증이다.

융은 프로이트의 유아기 성 충동 이론에 반박했지만, 리비도의 충동으로 인한 증후에는 동의했다. 융은 프로이트의 리비도의 성 충동을 '생명의 충동'이라 정의한다. 그는 '구순기' '항문기' '성기기'에 잘못 형성된 정신 세계는 한 인간을 평생 동안 신경증에 시달리게 할 수 있다고 주장한다. 그 원리는 억압된 무의식이 스스로 어떤 하나의 과정을 만들어낸 것과 같다. 이때에 무의식이 부분적으로 의식화되면서 잇대어 맞춘 것과 같은 상을 형성하는 것으로 분석한다. 그는 무의식이 만들어낸 상을 환상의 조각이라고 본다. 즉 유아기 때에 어떤 음률이나 공포스러운 관념, 또는 소위 상징적 틱(tics)과 같은 강박적 특성을 가지는 것이다.

정신질환 환자들이 현재의 삶에서 어떤 증후를 보이더라도 그것은 유아기 때에 원초적으로 완전한 대상이었던 어머니와의 분리로부터 시작되었을 가능성이 가장 크다. 유아가 어머니를 가장 완전한 대상이라고 여겼을 때에 느꼈던 사랑과 감사의 감정은 어머니와 분리되면서 분노, 슬픔, 공포, 불안 등의 감정으로 바뀐다. 정신질환의 주요 원인은 유아기에 어머니와의 분리의 간극을 메워줄 대체물 발견에 실패했기 때문이다.

아기는 어머니의 젖가슴과 분리되면서 겪은 좌절로 젖가슴에 대한 파괴적 충동을 갖게 된다. 그런데 자신에게 좌절과 분노를 주었기 때문에 파괴하려고 했던 어머니가 만족과 믿음을 주었던 어머니와 동일하다는 것을 인식하면서 죄책감과 우울이라는 심리적 고통을 체험한다. 이 유아기에 인식한 어머니에 대한 분노는 주체 자신의 사디즘으로 이어지고, 타인을 대할 때도 사랑과 증오라는 양가적 감정을 가지는 요인이 되어 한 인간의 평생에 걸친 정신 세계를 이룬다. 어머니와의 분리 불안에는 어머니뿐만이 아니라 타자들과의 분리도 포함되어 있기 때문이다. 정신의 병에 대한 기본적인 원리는 이와 같이 설명될 수 있다.

사례 속 부부의 이야기를 계속 이어가겠다. 남편의 이상 증세는 날마다 아내에게 잠자리를 요구했다는 것이었다. 신혼 초에 남편의 성행위는 주기적인 배출에 불과한 것이었는데, 아내가 일을 하게 되고 사회활동이 활발해지자 왜 갑자기 잠자리를 요구하게 된 것일까? 바로 어린 시절 어떤 시점에서 결여된 욕구가 아내의 능력을 바라보며 느끼는 불안감에 의해 살아난 것이다. 날마다 술을 마시는 반복적인 행위도 프로이트가 말한 '반복'에서 크게 벗어나지 않는다.

이와 같은 경우에 해당하는 남편들은 상담할 때마다 그들 부부의 문제는 '아내의 잠자리 거부'라고 버릇처럼 말한다. 아내도 처음에는 잠자리 문제인 줄 알고, 이에 응해주었다고 한다. 신혼도 아닌데 연달아 요구하기도 하고, 심지어 자녀들과 동행한 피서지에서도 자동차로 불러내어 요구하기도 했다. 여기까지는 덜 황당할 수 있다. 그다음 이야기가 정신병이라는 것을 확신하게 했다. 이러한 거칠고 무분별한 성행위를 한 다음 날, 남편이 성매매 업소를 찾아간다는 것이다. 이러한 남편의 행동은 주기적이었고 그 주기는 계속해서 단축되었다.

남편의 증상이 확실하게 신경증이라는 것을 알 수 있다. 아내에 대한 불안감이 증폭되면서 이 불안감을 성욕의 결핍으로 잘못 이해한다는 것이다. 그래서 결혼 생활 20년차의 아내와 재차 삼차 성관계를 해도 해결되지 않는 욕구를 성매매를 통해서 해결해보려고 했던 것이다.

이러한 사례에는 가능하면 집단 상담이 유리하다. 물론 부부가 동시에 상담을 받아야 한다.

내담자로 하여금 어린 시절을 회상할 수 있도록 하는 데 적합한 문학작품이 있다. 심윤경의 소설 『나의 아름다운 정원』이다.

> 초등학생 동구에게는 나이 차이가 많이 나는 여동생 영주가 있다. 영주는 네 살 때 신문을 보면서 스스로 글자를 터득한 영특한 아이로 가족들의 사랑을 독차지한다. 그럴수록 동구는 미련하고 덜렁대는 아이로 취급받았다. 이럴 경우 오빠가 여동생을 시샘하고 질투하여 가족의 관심을 유도하는 행동을 하는 게 정상이다. 그러나 동구는 달랐다. 동구는 영주를 귀여워했으며 영주가 실수를 저질러도 자신이 뒤집어썼다. 똘똘하고 영특한 동생으로 인해서 더욱 바보 취급을 받아도 아무런 내색을 하지 않았다.
>
> 그렇지만 동구는 아무렇지 않은 것이 아니었다. 초등학교 3학년이 되어도 한글을 터득하지 못했다. 동구의 담임 선생님은 동구를 난독증으로 판단한다. 난독증은 마음의 상처가 글을 읽는 것을 방해하는 증상이다.

이 이야기는 일상에서 사소해 보이는 것들이 방치되면 마음의 병으로 나타날 수 있음을 말해준다. 마음의 상처는 자신의 의지나 노력에 상관없이 현상을 왜곡하여 이해하게 할 수도 있다. 나는 이 이야기를 부부 관계를 왜곡하고 가로막는 텍스트로 사용하였다. 『나의 아름다운 정원』은 장편소설이라 필요한 부분만을 편집하여 사용하였다.

내담자와의 첫 번째 문학치유는 매우 중요하다. 사람은 의외로 첫 번째에 자신도 모르게 자신의 심정을 노출하기 쉽기 때문이다.

1) 치료 과정 1 : 상처의 근원 찾기

부부에게 『나의 아름다운 정원』의 앞이야기, 뒷이야기를 상상하여 말해보게 한다(대부분 부부 중 한쪽에게 문제가 발생한 경우, 다른 한쪽도 이와 비슷한 문제를 가지고 있다).

이 이야기의 주인공이 느꼈을 아픔에 대해서 말해보게 하고, 자연스럽게 자신의 형제 관계와 연관 짓게 한다.

네 살배기 여동생이 글을 읽는 것을 보고, 나의 부모님이라면 어떻게 칭찬을 하셨을까? 그것을 재연해보게 한다. 글을 읽지 못하는 동구를 야단칠 때 부모님들이 했을 말과 행동도 재연해보게 한다(이때에 사용했을 도구 : 회초리, 야구방망이, 자, 수건, 걸레, 신문, 책 등).

또한 아버지와의 관계에 연관지어 생각하도록 한다. 왜냐하면 성적인 불만으로 나타나는 남자들의 욕구는 아버지에게 어머니를 뺏겼다고 인식한 유아기의 문제에서 기인했을 확률이 높기 때문이다. 내담자에게 모든 사람의 마음속에는 자라지 않는 영원한 아이가 자리하고 있음을 말해준다.

이 이야기의 주인공인 동구에게 해주고 싶은 이야기를 써보게 한다. 그리고 그 내용을 토대로 부모가 동구에게 하는 말로 시나리오를 준비해준다. 시나리오는 격한 감정을 끌어올릴 수 있도록 해주는 것이어야 한다(이때 시나리오는 약간 엉성하게 만든다. 내담자들이 스스로 채워 넣어야 할 곳을 비워두는 것이다).

6학년이 되어도 글을 읽지 못하는 동구를 향한 엄마와 아빠

어머니 : (격하게 걸레질을 하면서) 야, 이놈의 머시마야! 너는 우째 되어먹었기에 니 동생보다 공부를 못하노? 아무리 이해를 할라고 해도 이해가 안 된다. 지금 니 도대체 몇 학년인데? 어쩔래? 이놈의 자식아!

아버지 : (매로 책상을 탕탕 두드리며) 에고, 이 빙신 쪼다 같은 자식아! 너 이제 어쩔래? 니 머가 문제고? 머가 문제라서 아직까지 글을 못 읽노? 말해봐라, 이 자식아! 내가 뭘 못해줘서 글을 못 읽노? 우리가 남의 집 자식처럼 큰 것을 바라는 것도 아니고 제일 쉬운 글 읽는 거, 그 쪼맨한 거를 해보라는 거야! 이리 와봐! 이 글자 뭔데? 읽어봐라. 이 빙신 팔푼이 자식아! 네 살짜리 네 동생만도 못한 자식아!

이 시나리오는 다음과 같이 부부간 다툼의 시나리오로 변환이 가능하다.

담배 피우는 습관을 고치지 못하는 남편

아내 : (격하게 걸레질을 하면서) 야, 이놈의 화상아! 당신은 우째 되어먹은 사람이기에 담배 하나를 못 끊노? 늘상 가

래와 기침을 달고 살면서, 담배 냄새는 어떻고? 아무리 이해를 할라고 해도 이해가 안 된다. 도대체 당신 처지가 어떤 상황인데 아직까지 담배를 피노? 지금 상황이 어떤 상황인데. 내가 남들처럼 큰 거를 바라는 것도 아니고, 그 작은 거 하나, 담배 하나 끊으라는데.

남편 : (매로 책상을 두드리며) 야, 니는? 니는 머 잘했는데? 니 지랄하는 잔소리 때문에 열받아서 담배를 못 끊겠다. 어쩔래? 내가 니 같은 여자 좋으라고 담배를 끊어! 왜 내가 담배 피다가 폐암이나 생겨서 디져버리면 좋을 거 아이가? 머? 그 쪼맨한 거? 니가 회사에서, 집에서, 그 스트레스를 니가 알기나 아나? 니나 좀 잘해라. 이 여자야.

이렇게 이야기를 통해서 무의식층에 있는 자신의 모습을 떠올려 보게 함으로써 배우자와의 갈등의 뿌리를 찾는 단서로 삼는다.

먼저 내담자가 이 이야기 주인공 동구의 아픔 정도를 표현하는 것을 세밀하게 관찰함으로써 내담자에게 내재된 상처의 정도를 파악한다(동구의 상처에 대해서 세밀하게 잘 이해하는 사람일수록 자신의 상처도 클 가능성이 높다).

그다음, 자연스럽게 내담자의 어린 시절로 접근하여, 그들의 성장 환경을 글이나 말로 표현해보게 한다(상처의 근원 찾기).

상담사는 내담자들이 말과 글에 두드러지게 나타나는 어휘를 꼭 기록해두어야 한다(이 어휘 중의 부정적인 낱말은 배우자를 자극하는 말에 해당할 가능성이 높으로, 해당 치료 단계에서 제거해주어야 한다).

상담사는 내담자들이 말과 표정 그리고 두드러지게 사용했던 어휘들을 집중적으로 분석하여 그것을 극대화시켜서 '동구를 향한 부모님의 비난'이 잘 드러나게 시나리오로 만든다. 이렇게 작성된 시나리오를 부부에게 주어 최대한 자연스럽게 대화 형식으로 읽어보게 한다(이때에 이들은 집단 상담이라는 사실을 잠시 잊고, 격하게 대화를 나눌 것이다).

어린 시절에 억압을 심하게 당했던 사람의 마음에는 '분노'의 감정이 기본적으로 깔려 있다. 생계를 위해 집 밖에서는 이 분노의 감정을 다스리지만, 대체적으로 편안한 가정에서는 폭발하기 쉽다. 가족들이 화내는 것을 싫어한다는 것을 인식하게 되면 이 분노는 다른 모습으로 위장되어 나타난다. 예를 들어 한숨, 큰소리, 격한 소리, 격한 행동, 삐침 등이 그것이다. 하지만 가족들 특히 배우자는 분노의 다른 기호인 그것을 읽어낸다.

어린 시절에 자신도 모르게 자리 잡은 분노를 꺼내어서 그것을 정리해주는 것은 매우 중요하다. 왜냐하면 무의식에 잠재되어 기억하지도 못한 분노는 현실에서 자신에게 가장 편안한 상대를 향해서 표출되고 있기 때문이다.

2) 치료 과정 2 : 상처 달래주기

부부가 동구의 어머니 아버지가 되어 동구를 달래준다.

어머니 : (동구를 안으며) 동구야, 너는 동생이 글을 너무 빨리 읽어서 밉지는 않아? 엄마는 글을 빨리 읽는 니 동생이 대견해 보이기도 하지만, 니가 더 걱정되기도 한다. 니가 동생에게 치여서 기 죽을까 봐서. 괜찮니? 동생한테 시샘하지도 않고 늘 업어주고 데리고 놀아주는 것 보면 엄마는 동구 네가 너무 고맙다.

아버지 : (동구의 머리를 쓰다듬어주며) 동구야, 너는 진짜 사나이다. 글 좀 늦게 읽으면 어떻노? 글은 언젠가는 읽게 되어 있지만, 어린 동생을 너처럼 진심으로 보살펴주는 마음은 아무나 못 가지지. 니는 아빠보다 더 마음이 넓다.

어머니 : (동구의 두 손을 잡으며) 동구야, 저번에 두부를 사오다가 흙바닥에 떨어뜨려서 못 먹게 되었을 때 야단친 거 미안하다. 그것도 니가 두부를 흘린 것이 아니라 영주 저 가시나가 그랬다는 거 알고 있다.

아버지 : (동구의 두 손을 잡으며) 아, 그 두부 사건도 동구가 영주 혼날까 봐 대신 뒤집어썼구나. 아빠는 엄마 말만 듣고 너를 혼냈구나. 그까짓 두부 한 모 다시 사오면 될 것을. 역시 동구 니는 진짜 사나이다.

3) 치료 과정 3 : 배우자 속의 분노 달래주기

배우자가 어린 시절 자신의 모습을 드러내었으면 그 사실을 재료로 시나리오를 작성하여 달래주면 된다. 하지만 배우자가 마음의 문을 열지 않은 상태이면 '동구'를 위로해주는 것으로 마무리한다. 다음은 나에게 상담 온 부부의 어린 시절 상처를 가상으로 설정하여 시나리오를 작성한 것이다.

남편 : (아내의 두 손을 잡으며) 아, 당신이 그간 많이 아팠겠어.
당신이 화가 나면 나를 그렇게 거부한 이유를 이제 알았
어. 그 이야기를 얼핏 듣기는 했는데, 그런 일이 그렇게
서로를 아프게 할 줄 몰랐네.
장모님이 서울 간 날, 동네 총각이 두꺼비집을 내리고 문
을 뜯고 들어와서 함께 자고 있는 친구를 윗목으로 끌어
당겨서 성폭행하는 장면을 어둠 속에서 오들오들 떨면서
자는 척하고 있어야 했던 당신.
나는 여러 명 중에서 당신이 그 나쁜 놈의 손에 선택되지
않았다는 것만 다행으로 여겼지, 30년도 더 된 그 옛날
일이 당신에게 상처가 되어 남아 있다는 것을 몰랐어.
당신이 기분 나쁠 때 내 손길을 거부하는 것도 다 그로
인한 상처라는 걸 모르고 오해했었어. 미안해. 그리고 그
렇게 아픈 상처를 치유도 하지 않고 살아오면서 아프다
고 말하지도 않고 견뎌주어서 고마워.

아내 : (남편의 손을 잡으며) 나도 기분 나쁠 때 당신 손길이 소
름 끼치도록 싫은 이유를 몰랐어. 그냥 그 당시 당신의
어떤 행동 때문에 기분 나쁜 거라고 착각하고 살아왔다
는 걸 이 상담을 하면서 알았지.
나도 당신한테 미안해. 당신이 어릴 때, 아버님이 부당하
게 어머니를 때리는 것을 말리다 아버님한테 맞아서 다
리를 다친 것도 몰랐어. 그리고 어머니가 아버지한테 맞
으면서도 끝까지 말대꾸하는 것을 보면서 어린 당신이
그것을 보면서 얼마나 울었을까 생각하니 정말 불쌍해.
그래서 당신 마음속에는 항상 기죽은 모습이 있었고, 말
하고 싶어도 맞을까 봐 말 못 하면서 분노하는 모습이 있

다는 것을 생각하니 당신이 이해가 돼.

　부부는 한 묶음이 아니며, 발달 단계가 필요한 관계이다. 인간은 형식을 통해서 내용의 일치를 요구하는 습성이 있다. 이 습성 때문에 가장 갈등을 많이 겪는 관계 중의 하나가 부부일 것이다. 자기 스스로 그렇게 되기를 원하기도 한다. 부부만큼 '한 몸'이라는 형식의 세례를 받고 출발한 관계가 또 있을까. 하지만 부부도 어느 정도의 시기가 지나면 정신적으로 독립되어야 건강하고 완전해진다.

　물론 예외도 있겠지만, 대부분 갈등을 겪는 부부 문제의 원인은 '하나'라는 생각에서 비롯되었다. 부부 사이도 그 어떤 사회의 문제와 다를 바 없이 다양성을 인정해줄 때에 원만하다.

　부부 문제를 '다양성'으로 풀어야 한다고 보는 이유는 한 배우자의 내면에는 그가 혼자서 살아온 만큼이나 다양한 사람이 살고 있기 때문이다. 마음을 열고 보면 그 배우자가 살아온 길은 단순할 수도 있다. 왜냐하면 인간은 좋아하는 사람을 만나고 싶어 하고, 좋아하는 길을 걷고 싶어 하기 때문이다.

　남자가 결혼 상대자로 반한 여자의 얼굴 속에는 자신을 버리고 떠난 첫사랑 여자와 닮은 부분이 있다는 말도 있다. 여자도 예외는 아닐 것이다. 뿐만 아니라, 배우자에게 반하는 심리는 그 자신의 과거와 밀접하게 관련이 있다.

　김용익의 『꽃신』을 다시 읽어보겠다. 주인공 '나'는 결혼을 하지 않고 독신으로 살아가면서 과거를 회상한다. '나'가 독신으로 살아가는 것도 과거 트라우마로 인한 콤플렉스 때문이라 할 수 있지만 결혼을 했다고 하더라도 이 과거의 상처는 부부 생활에 영향을 미칠 것이다. '나'의 말대로 그 상처는 '영원히 잊을 수 없는 쓰라림'으로 남을 것이다. 나는 소설의 '뒷이야기'를 내담자들에게 가상으로 꾸며보게 했다.

- 다른 여자와 결혼하여 살면서 이유 없이 장인을 미워하게 될 것 같다.
- 꽃신 집안의 딸을 미워할 것 같다.
- 어쩌면 꽃신 집안의 딸을 평생 그리워할 것 같다.

그러다가 한 내담자가 자신의 과거를 이야기했다.

"저의 어머니는 정말 미인이었습니다. 그런데 바람이 나서 다른 남자를 따라갔습니다. 그래서 저는…… 얼굴이 예쁜 여자는 무조건 혐오스러웠습니다. 아니, 여자 얼굴을 보고 예쁘다 예쁘지 않다 하는 기준도 없었습니다. 다만 현재의 아내를 제가 쫓아다닐 때 친구들이 왜 하필 그렇게 못생긴 여자를 선택하느냐고 하는 말을 듣고 알았을 뿐입니다. 하지만 저는 그런 말을 들을수록 이 여자에게 더 집착했습니다. 왠지 이 여자는 저를 버리지 않을 것이라는 확신이 들었기 때문입니다."

여기서 상담사가 개입한다. 이 내담자를 위한 위로의 말과 다른 내담자들과의 관계가 어색해지지 않도록 하는 형식적인 말들을 한

후, 내담자들에게 현재의 배우자를 선택하고 살아가게 되기까지의 어린 시절 자신을 생각해보게 한다.

"제가 일곱 살 때 저와 아버지는 미인이었던 어머니에게 버림받았습니다."

"저는 홀어머니랑 단 둘이 살아온 시간이 길었습니다. 결혼을 하기는 했지만 늘 엄마랑 살았을 때처럼 단출하게 살고 싶다는 생각을 했습니다."

다시 상담사가 개입해서, 부부의 갈등은 그 현재에 원인이 있는 것처럼 보이지만 사실은 무의식 속에서 살아가는 과거의 사람에 의해서 영향을 받고 있다는 것을 이해하게 한다.

『꽃신』의 주인공 '나'는 백정이라는 신분 때문에 원하는 혼인을 하지 못했다. 이 소설 속 인물은 과거로 인해서 이중삼중 억압을 당하는 것이다.

부부로 사는 삶이 평탄하고 순조롭지만은 않다. 또한 부부라 해도 의외로 서로에 대해서 잘 알고 있지도 않다. 예를 들어 배우자의 성장 환경에 대해서 자세히 알고 있는 사람이 얼마나 될까. 그저 배우자 부모님의 이력, 그나마 상세한 것도 아니고 직업이나 고향 정도나 아는 게 고작이다.

중요한 것은 배우자에 대해서 얼마만큼 알고 있느냐이다. 거의 모든 부부가 배우자에 대해서는 당사자가 알려준 것까지만 알고 있다. "결혼 전 비밀은 무덤까지 가지고 가야 한다"라는 말이 있다.

물론 이 말은 특히 여자에게 혼외 관계가 있었을 경우 남편에게 절대 비밀로 해야 한다는 의미였다. 하지만 부부의 기본적인 틀이 흔들리는 요즘에 와서 이 말의 의미를 재고해본다.

과연 당신은 배우자에 대해서 얼마나 알고 있는가? 이 물음은 서로를 잘 알지 못해서 흔들리는 부부에게만 해야 할 질문은 아닐 것이다. 배우자가 졸업한 학교가 어디인지 정확하게 알고 있는 부부가 얼마나 될까? 결혼 전의 비밀을 무덤까지 가지고 가라는 말과 함께 배우자가 말해준 것만 알고 살아가는 사람들이 대부분이다. 나는 여기서 배우자의 학력을 정확하게 알아야 한다고 말하는 것이 아니다. 부부끼리 성장 배경에서 비롯된 서로의 특성을 모르고 살아간다는 점을 지적하는 것이다. 모르고도 이해하고 살아갈 수 있다면 그렇게 살아가도 좋을 것이다. 하지만 앎으로써 이해하고 사랑할 수 있다면 알리는 편이 나을 것이다.

부부가 사랑의 마술에 걸려 있을 때는 서로의 성장 배경을 몰라도 상관이 없다. 하지만 환상은 일시적이고, 부부로서 살아가야 할 현실은 길다. 결국 모든 걸 무조건 덮어줄 수 있는 사랑의 에너지가 소진되면 부부는 각자 자신으로 돌아올 수밖에 없다. 생태학자 최재천은 "아무리 하찮은 생물일지라도 알면 사랑한다"고 말했다. 지렁이, 굼벵이, 나방 등도 알고 보면 그들의 아름다운 삶이 있다는 것이다. 하물며 사랑하는 사람끼리 만나서 인연을 맺은 부부도 서로를 알아야 더욱 사랑할 수 있지 않을까. 아는 것은 이해의 통로이기 때문이다.

누구나 신혼 때에는 서로 사랑한다. 그 사랑은 무엇인가의 이끌림이었을 것이다. 이 이끌림은 익숙함의 기호로 이성 관계에서 사랑으로 둔갑되어 보이는 마력이 있다. 부부로 살아가기 위해서는 '이끌림'이라는 마력에서 벗어나 서로의 과거가 담긴 마음을 이해하는 것으로 나아가야 한다. 그 과거에 상처투성이의 어린아이가 울고 있을지라도.

게랄트 휘터, 『불안의 심리학』, 장현숙 역, 궁리, 2007.

김하리, 『시치유학』, 스타북스, 2011.

김현경, 『사람풍경』, 아침바다, 2004.

김현희 외, 『독서치료』, 학지사, 2001.

마리아 산체스, 『식욕 버리기 연습』, 송경은 역, 한국경제신문사, 2012.

미국정신분석학회 편, 『정신분석 용어사전』, 이재훈 외 역, 한국심리치료
  연구소, 2002.

바흐친 · 볼로쉬노프, 『바흐친이 말하는 새로운 프로이트』, 송기한 역, 예
  문, 1998.

버나드 라운, 『치유의 예술을 찾아서』, 서정돈 역, 몸과마음, 2003.

변학수, 『문학치료』, 학지사, 2005.

보르빈 반델로브, 『불안, 그 두 얼굴의 심리학』, 한경희 역, 뿌리와이파리,
  2008.

C.G. 융, 『정신요법의 기본 문제』, 한국융연구원 C.G. 융 저작 번역위원회
  역, 솔, 2001.

에리히 프롬, 『소유냐 삶이냐』, 정성환 역, 홍신출판사, 2011.

아리스토텔레스,『시학』, 천병희 역, 문예출판사, 2002.

원동연 외,『5차원 독서치료』, 김영사, 2005.

이승훈,『정신분석시론』, 문예출판사, 2007.

장 라플랑슈·장 베르트랑 퐁타리스,『정신분석 사전』, 임진수 역, 열린책
    들, 2005.

조셉 골드,『비블리오테라피』, 이종인 역, 북키앙. 2003.

주디스 허먼,『트라우마』, 최현정 역, 플래닛, 2007.

주서택·김선화,『내 마음 속에 울고 있는 내가 있어요』, 순출판사, 2011.

줄리아 크리스테바,『사랑의 정신분석』, 김인환 역, 민음사, 1999.

——————————,『정신병, 모친살해, 그리고 창조성 : 멜라닌 크라인』,
    박선영 역, 아난케, 2006.

지크문트 프로이트,『늑대인간』, 김명희 역, 열린책들, 1996.

——————————,『꿈의 해석』(상, 하), 김인순 역, 열린책들, 1997.

——————————,『예술과 정신분석』, 장장진 역, 열린책들, 1997.

——————————,『정신분석운동』, 박성수 역, 열린책들, 1997.

——————————,『히스테리연구』, 김미리혜 역, 열린책들, 2010.

진 리들로프,『잃어버린 육아의 원형을 찾아서』, 강미경 역, 양철북, 2011.

최광현,『가족의 두 얼굴』, 부키, 2012.

최재천,『생명이 있는 것은 다 아름답다』, 효형출판, 2001.

최현석,『인간의 모든 감정』, 서해문집, 2011.

프리츠 리만,『불안의 심리』, 전영애 역, 문예출판사, 2007.

권석만·유성진·정지현,「걱정이 많은 사람의 인지적 특성」,『한국심리학
    회지 : 임상』20집, 한국심리학회, 2001.

김남재,「대인불안과 사회적 자기불일치」,『한국심리학회지 : 임상』19집,
    한국심리학회, 2000.

김지영, 「정신분열병 환자의 회복 경험 : '삶의 재구성' 과정」, 이화여자대학교 대학원 박사학위 논문, 2003.

김희정, 「정신장애로부터의 회복 의미에 관한 질적 연구」, 『정신간호학회지』 18권, 한국간호학회, 2009.

권정혜, 「우울증 환자의 역기능적 대인관계 특성」, 『한국심리학회지 : 임상』 21집, 한국심리학회, 2002.

민영미, 「황순원 소설을 활용한 독서치료 연구 : 인간성 회복 제재를 중심으로」, 아주대학교 대학원 석사학위 논문, 2007.

박선영, 「클라인, '우울적 위치'와 그 정신분석적 고찰 : 애도와 회복을 통한 주체의 탄생」, 『라깡과 현대정신분석』 6권, 한국라깡과현대정신분석학회, 2004.

박재규 · 이정림, 「한국 성인 남녀의 우울증 변화에 영향을 미치는 요인 분석」, 『보건과 사회과학』 29집, 2011.

박재현, 「문학치료에 있어서의 치료모형 모색」, 『문학치료연구』 24집, 한국문학치료학회, 2012.

백대엽 외, 「주요 우울장애 환자와 범불안장애 환자의 성격 특성 비교 연구」, 『생물치료정신의학』 9권, 대한생물치료정신의학회, 2003,

변학수, 「문학치료와 문화적 경험」, 『독일어문학』 10집, 한국독일어문학회, 1999.

———, 「치료로서의 문학」, 『독일어문학』 17집, 한국독일어문학회, 2002.

———, 「내러티브 기능과 문학치료」, 『뷔히너와 현대문학』 39집, 한국뷔히너학회, 2012.

서정은, 「20세기 이후 무조음악에서의 '반복'을 통한 새로운 유기성 창출」, 『음악이론연구』 9집, 서울대학교 서양음악연구소, 2004.

성정희, 「문학치료 임상연구의 현황과 전망」, 『문학치료연구』 10집, 한국문학치료학회, 2009.

─────, 「우울증에 대한 문학치료학적 접근과 서사지도」, 『문학치료연구』 14집, 2010.

안석 · 권정아, 「불안(신경증)에 관한 치유상담적 고찰」, 『신학과 실천』 27권, 한국실천신학회, 2011.

유성진 · 권석만, 「걱정이 많은 사람들의 성격특성」, 『심리학과』 9집, 서울대학교 심리과학연구소, 2000.

오강섭 · 허묘연 · 이시형, 「대인불안과 사회문화적 요인의 상관관계」, 『신경정신의학』 38집, 대한신경정신의학회, 1999.

이선영, 「일상성, 그리고 고백시로서의 김수영 시 읽기」, 『대학원연구논집』, 이화여자대학교 대학원, 2004.

이희자, 「공공도서관 독서치료 프로그램 참여자의 치유효과에 관한 연구」, 경기대학교 대학원 석사학위 논문, 2006.

장만식, 「문학치료의 이론과 적용에 대한 연구」, 상지대학교 대학원 박사학위 논문, 2009.

정운채, 「시화에 나타난 문학의 치료적 효과와 문학치료학을 위한 전망」, 『고전문학과 교육』 제1집, 청관고전문학회, 1999.

─────, 「서사의 힘과 문학치료 방법론의 밑그림」, 『고전문학과 교육』 8집, 한국고전문학교육학회, 2004.

정진경, 「1930년대 시에 나타난 후각 이미지의 사회 · 문화적의미」, 부경대학교 대학원, 2012.

허기한, 「불안장애에 대한 기독상담 · 심리치료적 접근」, 연세대학교 연합신학대학원 석사학위 논문, 2000.

문학,
치유로
살아나다